ドラッカーに
教わったことと
教えたこと

庄司　進

東京図書出版

はじめに

奇妙なタイトルだなと思われた方も多いと思います。ドラッカーとは、もちろん、かの有名な経営学者、ピーター・F・ドラッカー（1909〜2005年）ですが、そのドラッカーに「教わったこと」はわかるけれど、「教えたこと」って何だ？　そういう声が聞こえてきそうです。これからそれを説明していくつもりですが、まず、2022年初めのロシアのウクライナ侵攻の話から始めたいと思います。

ロシアのウクライナ侵攻とドラッカーに何の関係があるのかとお思いでしょうが、まあ聞いてください。

第二次世界大戦は世界史の大きなエポックですが、後世の歴史家はロシアのウクライナ侵攻を第二次世界大戦後の世界史上の特筆されるべき出来事とみなすでしょう。

第二次世界大戦後にかなりの規模の軍事紛争はありましたが、それらは局地的なもので、紛争によってもたらされる損害は当事者間に限定されていました。しかし今回の侵攻はロシアとウクライナだけでなくイギリス、EUにも大きな影響を与えました。軍事的支援を余儀なくされるだけでなく、経済制裁の跳ね返りとしてエネルギー危機に見舞われることになったのです。そしてウクライナ産の小麦輸出が困難になり世界に食料危機をもたらしました。エネルギー危機と食料危機は世界的な物価上昇を招き、ＥＵだけでなく、アメリカも日本も大半の国がインフレに悩まされることになったのです。

そのような全世界を巻き込む大事件に国際社会はどう対応したのか。

国際連合は、ウクライナ侵攻に関するかぎりは、ほとんど、いや、まったく機能していないと言っていいと思います。なにしろ、世界の平和と安全の維持に責任を負うべき安保常任理事国のメンバーが侵攻の当事者なのですから、こうなるのは最初からわかりきっていたことなのですが、世界にはいろいろな考え方があるんだなということが再認識されたわけです。

つまり、自由、民主主義を基礎とする西欧の価値観が実は普遍的なものではなかったということなのでしょう。１９９１年にソ連が崩壊し冷戦が終結したのは、資本主義の勝利、西欧の価値観の勝利とみなされていました。世界に自由、民主主義、資本主義という西欧の、あるいは欧米の「普遍的」価値観が広がっていくと思われていました。しかし、そうはならなかった。今回のロシアのウクライナ侵攻は、そしてそれをめぐる国際社会の対応は、西欧、アメリカの価値観が普遍的なものではないということを示したのです。西欧、アメリカの価値観がソ連を崩壊させたのではなかったのです。

では、ソ連はどうして崩壊したのか。

ドラッカーは1989年に出版された『新しい現実』(ダイヤモンド社、1989年)で、ソ連を「ロシア帝国」と呼び、それは「遅くとも今から25年後には崩壊し、少なくともヨーロッパの国から『脱ヨーロッパ』の国へ、しかも主としてアジア的な国になっているはずである。」と予言していました。実際には、その後すぐの1991年に崩壊してしまったので時期については彼の予想よりかなり早まったのですが、崩壊したのはまちがいありません。注目すべきことは、崩壊後に「アジア的な国になっているはずである」と言っていることです。これは見事に当たりました。かつてソ連のメンバーであったバルト三国はソ連崩壊後に西ヨーロッパの一員となったのですが、「ロシア帝国」は西ヨーロッパにすり寄ることはなかったのです。ソ連崩壊の理由ですが、ドラッカーは『新しい現実』で、「ロシア帝国」は、ウクライナ人、エストニア人、コーカサス人、蒙古人、トルコ人、タタール人などの他民族の隷属の上に成り立っているとし、こう書いています。

ソ連では、政府、経済科学の世界における使用言語は、ツアー時代と同様、ロシア語だけである。ソ連軍には、非ヨーロッパ人の指揮官は、実質上、一人もいない。経済界にもいない。ソ連邦科学アカデミーにもいない。中央委員会や政治局など、党の最高レベルには、一人か二人いるだけである。このような状態が、長く続くわけはない。

ドラッカーは、ソ連が連邦内の民族主義運動を抑えることができず崩壊する、と言っているのですが、このほかにも、「ペレストロイカは、『上からの革命』であって、そのような革命が成功することは、歴史上きわめてまれである。」と言っています。たしかにペレストロイカの推進は崩壊を早めただけでした。『新しい現実』でソ連崩壊の根拠として直接的に言及しているのはこの二点だけです。ジョージ・ケナンの言う「封じ込め政策」が成功するからだ、とは言っていません。社会主義的計画経済は失敗し、すぐれた資本主義的経済システムに取って代わられるとも言っていません。

つまりドラッカーによれば、ソ連は西欧的アメリカ的価値観の圧力のような外部的要因によって崩壊したのではなく、ソ連がかかえていた内部的要因によって崩壊したのだということになります。

その内部的要因とは何か。

私はこう解釈します。「上からの革命」の失敗、異なる民族を束ねることができなかったことは、すなわちマネジメントの失敗ではなかったか、と。あるいは、そもそもソ連にはマネジメントという概念が希薄だった、と言ってもいいかもしれません。

ドラッカーは、ソ連はマネジメントで劣っていたから崩壊したとは明言していませんが、そう言っていいと思います。もちろんソ連崩壊の理由は一つではなく幾つかあるのでしょうが最も大きな理由はマネジメントの失敗なのです。

私は以前、日本政策金融公庫という金融機関に勤務していました。融資をとおして数多くの、成功した企業、倒産してしまった企業を見てきました。成功した理由、失敗した理由はさまざまですが、私が見たところでは、外部要因によって成功した企業はありましたが、１００パーセント外部要因によって倒産した企業はありませんでした。ただの一つもなかったのです。外部要因によって倒産したように見える企業でも、外部要因はきっかけにすぎず、内部に問題を抱えていたのです。

企業も国家も同じです。あらゆる組織に同じことが言えます。ある組織のうまくいかなかった原因は、外部の要因ではなく、その組織のマネジメントの失敗なのです。

アメリカの第34代大統領アイゼンハワーは「防衛上の問題点は、外部から防衛しようとしていることを、どの程度まで内部から破壊せずにやれるか、ということである。」と言いました。外敵はどうであろうとも自国がしっかりしていればだいじょうぶなんだ、これが国防のポイントだ、と彼は言っていると思うのです。

自国がしっかりしていれば外敵に滅ぼされることはないのです。うまくマネジメントされている企業は外部要因によって倒産することはないのです。

私たちは、ドラッカー以前は、マネジメントがどういうものであるかを、たぶん理解していませんでした。

もちろん、マネジメントという言葉はドラッカーの造語ではありません。マネジメントという言葉が、経営、管理、運営を意味すること、そして集合名詞としては経営者、経営幹部を意味することを私たちは知っていました。ドラッカーは、組織がなければマネジメントはないがマネジメントがなければ組織もない、と言いました。マネジメントは組織に不可欠なものです。そのことも私たちは知っていました。

しかし、マネジメントがどういうものか、どうあるべきか、そのことが現代の組織社会においてどういう意味をもつかということを充分理解していなかったのです。それを教えてくれたのがドラッカーでした。

これからドラッカーのマネジメント論について見ていきますが、従来のドラッカー論とは少し違った角度からアプローチしようと思っています。マネジメントというと、まず真っ先に企業経営と結びつけられがちです。それは当然なのですが、以下では、企業経営からは少し離れた、ドラッカーの、経営学的というよりは哲学的なマネジメント論を中心に見ていきたいと思います。

どうしてそのようなアプローチをするか。それは、研究者は別として、一般の人々はドラッカーをビジネス界で成功するための指南役と見なしていたのではないかと思ったからです。それは少し違うのではないか、彼の本質は別のところにあるのではないかと思ったからです。

そのことについては後で詳述することとして、とにかく、これまでとは別の切り口でドラッカーを見ていきたいと思います。

(以下では引用した著作の著者については敬称を略させていただきます)

目次 ■ ドラッカーに教わったことと教えたこと

Ⅰ　ドラッカーに教わったこと

1　ドラッカーってどんな人？

これからドラッカーのマネジメント論について考えてみますが、その前に、ドラッカーという人はどんな人であったのかを見ていきましょう。

❏傍観者であったということ

寒風ふきすさぶ十一月のその日に判ったのは要するに自分は傍観者なのだ、ということだった。傍観者は生まれつき傍観者なのであり後天的につくられるものではない。

『傍観者の時代』

これは『傍観者の時代』（ダイヤモンド社、１９７９年）の「プロローグ　傍観者の誕生」

の一節です。

1923年の11月、14歳になろうとしていたドラッカーは、ウィーンの「リパブリック・デー」の「青年社会主義者」のデモに参加します。デモ隊の先頭に立って行進していたドラッカーは、行く先に水たまりがあるのに気がつきます。彼は水たまりが好きで、わざと水たまりに入ってざぶざぶと音をたてながら歩くのが好きでしたが、この時は、この水たまりは自分が選んだものではなくデモ隊から押し付けられたものだから回避すべきだと思ったのです。しかし背後からの圧力に抗しきれず水たまりを通り抜けてしまいます。「そこで私は、私の背後にいる例の筋骨逞しい女子医学生の両腕のなかに無言で赤旗をさっさと突き出すなり隊列を離れ、くるりと向きを変えて家路についたのである。」と彼は書いています。このときドラッカーは「傍観者としての自分を自覚した」のです。

『傍観者の時代』ではマネジメントについても現代社会についても、ほとんどふれられていません。それでもこれはドラッカーの著作の最高傑作だと私は考えています。この本は彼の自叙伝と紹介されることがありますが、彼は、この本は自叙伝でもないし回想録でもないと明言しています。「この本は前例のないもの、つまり『他者の人生と私の時代』記とでもいったものである。」と彼は言います。

たしかに前例のないおもしろい「読み物」です。ほとんどは事実に基づいて書かれているのでしょうが、多少創作したところもあるのではないでしょうか。たとえば、『大転換』で有名なカール・ポランニの家のクリスマス・ディナーに招かれたときの話。ポランニの家は貧民区にあるおんぼろアパートで、出てきたのはマーガリンもついていない冷え切った生ゆでのジャガイモだけ。ポランニ夫婦と母は、ドラッカーを無視して、どうやって生活費を捻出するかを議論している、ポランニは「オーストリア・エコノミスト」の編集者として恐ろしく高額の給与を受け取っていたにもかかわらず。ポランニの給与小切手を盗み見していたドラッカーは、あれだけの給与があればそんな心配は必要ないと思うのですが、と議論に割って入る。するとポランニの妻イロナは、給与は困っている人たちのために使う（当時ウィーンはハンガリーからの難民が多くポランニは彼らを支援していた）のであって自分たちのために使うのではない、とドラッカーに言った。

このエピソードには多少の創作があると私はにらんでいます。しかし、それが当たっているとしても何の問題もありません。とにかく理屈ぬきで面白いのです。ポランニだけでなく、ドラッカーと関わりのあった人たち、多くはヨーロッパ、アメリカのインテリですが、彼らが何を考えていたかがよくわかるのです。

彼は「自分はライターである」と言ったことがありますが、『傍観者の時代』を読むと、なるほど彼は学者というよりは作家なのだと思わずにはいられません。小説家をめざしたこともあるそうですが、納得させられます。

それはさておき、ドラッカーが自分は傍観者なのだと言ったことは彼を理解するうえで決定的に重要なことです。

> 芝居とそれを演ずる役者の命運は聴衆に左右される。が、傍観者の反応は彼以外の誰にも効果を及ぼさない。とはいうものの、傍観者は――劇場の消防係に多分に類似して――舞台の袖に立って役者や聴衆が気づかずに見過ごすものを見る。なかんずく、彼は、役者や聴衆とは異なる見方で見る。そして彼は省察する――省察は鏡ではなくプリズム、それは見たものを屈折させて映し出す。
>
> 『傍観者の時代』

ドラッカーは自らを傍観者だと言いましたが、それは役者でもなく聴衆でもないということなのです。つまり自ら演じることはないし、鑑賞して批判したり賞賛するわけでもないのです。

英語の辞書でbystanderを引くと、A person who is present at an event without participating in it. と説明されています。つまり、何らかのイベントの現場に居合わせているのだけれどもそのイベントには参加していない人、なのです。

ドラッカーはいくつかの企業のコンサルティングを行っています。もしドラッカーが十代のころからずっと傍観者という立場を貫いていたとするならば、企業のコンサルティングをすることは矛盾しているように思われます。傍観者ならば企業経営に対して意見を述べることはありえないからです。しかし、おそらく彼の中では矛盾はないのでしょう。彼は企業経営に参加したかったのではなく企業経営を観察したかった、そのために企業経営の「現場に居合わせて」いたかったのでしょう。

たぶん、いやまちがいなくドラッカーはずっと傍観者であったのです。そして「役者や聴衆が気づかずに見過ご」していたものを「役者や聴衆とは異なる見方」で見ていたのでした。

しかし、彼はたまたま「現場に居合わせて」いたのではなかった。自らの意思で現場に出向いたのです。その意味では「傍観者」よりは「観察者」と言ったほうがいいのかもしれません。

彼は『マネジメント』（ダイヤモンド社、２００１年）の「まえがき」で、経営書のほとんどはマネジメントを内から見ているが、「本書はマネジメントの使命、目的、役割から入る。**マネジメントを外から見**、その課題にいかなる次元があり、それぞれの次元において何が要求されるかを見る。」（太字処理は庄司による）と言っています。

彼が一貫して傍観者、観察者であったことは、この「マネジメントを外から見る」というフレーズからもあきらかです。また、『断絶の時代』（ダイヤモンド社、１９９９年）では、「おわりに」で、「本書の特質は、予測ではなく、観察にある。」と言い切っています。

しかし、傍観者、観察者であるということは、ビジネスの世界ばかりでなく、彼が後半生に身をおいた学界でも主流にはなれないということを意味します。アプローチのしかたが従来のアカデミズムの主流のそれとは異なっているからです。

ドラッカーは、『会社という概念』を世に出したとき（1946年）、「出版した本は、社会学者にも理解して貰えず、それ以来、私は、うさんくさい奴、とみなされるようになった。」と『傍観者の時代』に書いています。そして、「アメリカン・エコノミック・レビュー」の書評では、「価格の理論や希少資源の配分の問題についての洞察が欠けている」と批判され、「アメリカン・ポリティカル・サイエンス・レビュー」の書評でも、「この有望な若い学者が近い将来その持てる才能を、もっと真面目な課題に傾注することを期待する」と書かれ、アメリカ政治学協会の政治理論研究委員会のメンバーに再選されなかったということです。

彼はその当時は、経済学学界からはもちろん、社会学学界からも政治学学界からも理解されていなかったのです。

その後は日本からもアメリカからも高く評価されるようになったのはよく知られるところですが、それでもハーバードやシカゴやイェールなどの名門大学で教鞭をとることはありませんでした。ハーバード・ビジネススクールはドラッカーを教授として迎え入れようとしたのですが彼はその招聘を断ったのです。その理由はドラッカー研究者の上田惇生によれば、ハーバードではコンサルティングの時間が充分にとれないからだということです。上田は、ドラッカーは経営の現場を重視したからだと言います。（『ドラッカー入門』ダイヤモンド社、2006年）

たしかに彼は象牙の塔に閉じこもってしまうような人ではありませんでした。経営の現場を重視していたということはそのとおりなのですが、もう一つ理由があったのではないでしょうか。

ハーバードのビジネススクールの教授であることは学界の主流であることを意味します。ドラッカーはあえて主流であることを拒否したのだと思います。自ら大きな流れを作って学界をリードする、それは傍観者のやることではない、彼はそう考えたのではないでしょうか。学者なら垂涎の的であるハーバードの教授のポジションを蹴ってまで、傍観者、観察者としてアカデミズムの権威たちが気づかないものを見る、それが彼の信条だったと思うのです。

❑偉大な知性

勤めていた証券会社が潰れたあと、ドラッカーは、それまでアメリカ経済短信を寄稿していた夕刊紙「フランクフルト・ゲネラル・アンツァイガー（フランクフルト日報）」の経済記者になった。……

「アンツァイガー」ではすぐに、国際問題と金融問題を担当する論説委員に抜擢され、一日一本、日によっては二本の論説を書いた。これが二〇歳のときだった。

これは上田惇生の『ドラッカー入門』（ダイヤモンド社、2006年）からの一節です。

傍観者、観察者であるということは、当事者たりえない能力の欠如を示していると考える人がいるかもしれません。第一線で活躍している人々に対して劣等感をいだいており、それで一歩引いたところで物事を見ているのではないかと考える人がいるかもしれません。

しかし、ドラッカーはそのような傍観者ではありませんでした。彼の頭の良さは、著作から一目瞭然ですが、若いころはマーチャントバンクで成功していたように実務能力もあったのです。勝者にはなれないからゲームには参加しないというのではないのです。どんなゲームでも勝てる能力があるのですがゲームに興味がなかったのです。

ドラッカーの父、アドルフ・ドラッカーはオーストリア＝ハンガリー帝国の貿易省の事務次官を務めたあと大手銀行の頭取となり、ナチスの迫害を逃れてアメリカに亡命しノースカロライナ大学、カリフォルニア大学の教授を務めました。母はオーストリア初の女性神経科医でフロイトと親交がありました。

ドラッカーはこのような知的エリートの両親から優秀な頭脳を引き継いだのです。上田の『ドラッカー入門』によれば、5歳のときには父親の前で「エコノミスト」の素読をさせられていた、8歳のときには近所の子供たちに頼まれて時事解説をしていた、小学校を一年飛び級したということです。下世話な言い方をすれば、ドラッカーは「モノがちがう」のです。

あまりにも頭がよく、学校で学ぶものはないと思ったのでしょうか、ドラッカーは18歳のときにウィーンを出て、ドイツのハンブルクで商社に就職します。しかし、父の強い勧めで勤務しながらハンブルク大学に入学します。20歳のときにフランクフルトの証券会社に勤務しフランクフルト大学の法学部に編入します。そして、「フランクフルト・ゲネラル・アンツァイガー（フランクフルト日報）」の経済記者になります。その若さで伝統のある新聞で記事を書くということは信じられないことでした。

母は憤然として言った。「これまで私が青二才にだまされていたって言いたいの？　まだお尻の青い子供の論評とかいうのを、私が長年鵜呑みにさせられてきたってあなたは言いたいの？　これは新聞社の完全な詐欺行為だわ」母は電話をかけ、『ゲネラール・アンツァイガー』紙の購読契約を即刻解約した。

これは、ドラッカーの妻、ドリス・ドラッカーの著作『あなたにめぐり逢うまで』の一節です。「あなた」はもちろん、P・F・ドラッカーです。

ドリスは弁護士をめざしてフランクフルト大学法学部で勉強していました。そこで国際法を教授に代わって講義していたドラッカーと知り合います。ドリスの母は、ドラッカーがどういう人物かドリスに尋ねます。ドリスは彼が大学で法学博士の学位取得をめざして勉強しながら「ゲネラール・アンツァイガー」で働いていると説明します。

「その人新聞社で何をしているの？　使い走りか何か？」

「外報記者なの。」

「その人、あなたを感心させようとして、そう言っただけなのよ。『ゲネラール・アンツァイガー』紙が22、3歳そこらの若造を外報記者にするわけがない。」

それで、ドリスは「うそじゃないわ」と言ってドラッカーの署名の記事がある新聞を母に見せたのです。記者であることが事実だとわかった母は、右のとおりの行動に出るのです。

何とまあ気性の激しいお母さんですね。彼女はふだん読んでいる記事を、まさか大学生が書いているとはどうしても信じられなかったのです。無理もありません。新聞記事を書けるようになるにはかなりの訓練が必要になります。時事問題の解説ですから迅速に書かなければなりません。スピードが求められます。そして字数が限られていますから複雑な問題でも簡潔明瞭にまとめなければならないのです。それらが充分訓練を受けているとは思えない大学生にできるとは、ドリスの母だけでなく、誰もが信じられなかったと思います。

ドラッカーの能力が並々ならぬものであったことを示しているエピソードです。

ドラッカーは、その後ドイツを離れロンドンに向かいます。彼の書くものがナチに睨まれ身の危険を感じたからです。ロンドンではフリードバーグ商会というマーチャントバンクでアナリスト兼パートナー補佐として働きます。彼はここでも抜群の実務能力を発揮します。フリードバーグ商会を辞めてアメリカに渡るとき、仕事を通じて知己となったパールブームという財務コンサルタントから、「年俸2万5千ドルで向こう三年間、私の代理人をやって頂きたい」という申し出があったほどです。

これは当時としては破格の条件で、「ワシントンの閣僚や大会社の社長でさえもそれほどの給料は貰っていなかった」のです。ドラッカーはそのオファーを蹴ってアメリカに行くのですが、フリードバーグはその話を聞いて、それだけあれば小さなマーチャントバンクが買えたのに、と惜しがったそうです。

パールブームはドラッカーを高く評価していました。ドラッカーがアメリカに渡ったあとにも渡米して、契約料を上げて、再度ドラッカーに代理人となるよう依頼に来たほどです。フリードバーグもドラッカーの銀行家としての能力を買っていて、彼は小さなマーチャントバンクを大銀行に育てることができると思っていたのです。

ドラッカーは学者として大成しましたが、おそらく、ジャーナリストになっても、銀行家になっても成功したでしょう。

ドラッカーが関心を示したのは、政治、経済、社会という目の前の現実でした。現実に関心のある人は形而上の問題にはあまり関心がない、というか形而上の思索ができる能力に乏しいような気がします。しかし、ドラッカーはそうではありませんでした。彼は『傍観者の時代』で、『逸話』から通則の入り込む余地のない、そしてそれ自体の厳密な、語義上の用具を持つ斬新な学問、記号論理学にたまたま出会ったときの解放感をいまだに忘れない（私自身、その後何度か、記号論理学を教えることになった）。」と書いています。

つまり、彼は形而下学でも形而上学でも十分能力を発揮することができたのです。偉大な知性の持ち主としか言いようがありません。

❏ 刮目すべき処女作

その偉大な知性は、はやくも、1939年、ドラッカーが29歳のときに出版した『「経済人」の終わり』*The End of Economic Man* で認められることになります。この彼の処女作（彼は1936年に『ドイツにおけるユダヤ人問題』を出版しています。これはドイツ語で書かれているので、英語で書かれた処女作という意味です）は、ファシズム全体主義の起源を分析した世界最初の本と言われています。

当時、ナチズムは「ドイツ人の国民性の発現」とか、「資本主義最後のあがき」とされていました。しかし、ドラッカーは、ナチズム台頭の主な原因はマルクス社会主義の失敗にあると断じました。それだけではなく、「ブルジョア資本主義」の失敗もまた原因であるとしたのです。

マルクス社会主義はブルジョア資本主義の反対勢力です。ドラッカーは、「ただ反対するだけの運動は、その反対する秩序が存在して初めて意義と訴求力をもちうる。」としてこう続けます。

> 批判だけが唯一の機能であるならば、社会的勢力としてのマルクス社会主義はその

存在意義をブルジョア資本主義の存在と妥当性に依存せざるをえない。たとえブルジョア資本主義の信用を落とすことはできても、それに取って代わることはできない。ブルジョア資本主義が崩壊するならば、マルクス社会主義もまた自らの意義と正当性を失う。

『「経済人」の終わり』

重要な指摘です。ブルジョア資本主義が崩壊したとしてもマルクス社会主義が取って代わることはできない、と彼は言います。それはなぜか。それはブルジョア資本主義もマルクス社会主義も、人間の本性についての概念、「経済人」の概念を基盤としているからです。

「経済的満足だけが社会的に重要であり、意味があるとされる。経済的地位、経済的報酬、経済的権利は、すべて人間が働く目的である。これらのもののために人間は戦争をし、死んでもよいと思う。そして、ほかのことはすべて偽善であり、衒いであり、虚構のナンセンスであるとされる。」

ドラッカーは「経済人」の概念をこう説明します。つまり「経済人」とは経済至上主義にほかなりません。

経済至上主義は、経済の成長と拡大それ自体を社会の目的としています。しかしドラッカーは経済成長と拡大それ自体は社会の目的ではないと断言します。

経済の成長と拡大は、社会的な目的を達成するための手段としてしか意味がない。社会的な目的の達成を約束するかぎりにおいては望ましいものであるが、その約束が幻想であることが明らかとなれば、手段としての価値は疑わしくなる。

『「経済人」の終わり』

経済成長は手段であって目的ではないのなら、経済成長を手段として達成されるべき目的とは何でしょうか。それは、ヨーロッパにあっては「自由と平等」でした。「自由と平等」を追求する強い意欲が近代ヨーロッパの歴史を動かしてきたのです。

しかし、ブルジョア資本主義はその信条と相容れない階級社会をつくりあげました。そしてマルクス社会主義も階級をなくすことができませんでした。ドラッカーは、ブルジョア資本主義もマルクス社会主義も「偽りの神」であったことが明らかになった、と言います。つまり「失敗」なのですが、その原因は、「ブルジョア資本主義とマルクス社会主義の信条と秩序は、いずれも個人による経済的自由を実現すれば自由と平等が自動的にもたらされるという目論みが誤っていたため」だとします。

この失敗は政治、経済のあらゆる制度を疑わしいものにしているが、「その最も深刻な影響は、社会の基礎としての基本的な概念、すなわち人間の本性およびその社会における位置と役割についての考え方に対するものである。」とドラッカーは書き、こう続けます。

> 個人の経済的自由が、自動的あるいは弁証法的に自由と平等をもたらすわけではないことが明らかになったために、ブルジョア資本主義とマルクス社会主義の双方の基盤となってきた人間の本性についての概念、すなわち「経済人」の概念が崩れた。
> 『「経済人」の終わり』

「『経済人』の概念が崩れた」ということは、経済至上主義が支持されなくなったということです。これは最近の話ではありません。『「経済人」の終わり』が出版されたのは１９３９年です。今から85年以上も前に、ドラッカーは経済至上主義の行き詰まりを指摘していたのです。

ブルジョア資本主義が経済至上主義であることは誰もが認めることですが、実はマルクス社会主義もまたそうなのだと指摘したドラッカーの慧眼には感服せざるをえません。双方の失敗が大衆をナチズムに引きつけたというのがドラッカーの主張なのですが、それは当時は画期的な見解でした。

チャーチルは『「経済人」の終わり』が出るとすぐに「タイムズ」に書評を書いてドラッカーを絶賛しました。イギリス軍は士官候補生に『「経済人」の終わり』を唯一の政治書として支給しました。

ここでは、『「経済人」の終わり』についてこれ以上は立ち入りませんが、チャーチルがないだろうとしていた独ソ不可侵条約の締結を本書で予言していたこと、当時は無名であったキルケゴールを現代政治に関わりをもつ近代思想家として位置付けたことも本書の大きな功績であるということだけは指摘しておきたいと思います。

そしてもう一つ指摘しておきたいことは、『「経済人」の終わり』というタイトルについてです。

「経済人」という概念はアダム・スミスによって初めて示され、「経済人」の概念が経済学を成立させ発展させていったのです。しかし、ドラッカーは「経済人」は破綻したと宣言したのです。つまり、本書のタイトルは経済学もまた破綻したことを意味しているのです。彼は本書では経済学が破綻したとは明言しませんでしたが、その後の彼の著作から彼が経済学とは距離を置いていたことは確かです。

次にドラッカーが経済学とどう向き合っていたかを見てみましょう。

❑ 経済学との決別

> 私は、経済学を自律している「科学」とは見ていない。それはつまり、私は経済学者ではないということだ。このことを私は1934年、ロンドンの投資銀行の駆け出しのエコノミストとして、ケンブリッジでケインズのセミナーに参加したときに知った。そのとき私は、ケインズは財の動きに関心があり、私は人々の行動に関心がある

ことがすぐにわかったのだ。

The Daily Drucker 22 January

これは、*The Daily Drucker* の一節です。この本は、ドラッカーの同僚であったJ・A・マチャレロが、ドラッカーの著作から抜粋したものを、一日一つのテーマにしてとりまとめたものです。*The Daily Drucker* からの引用文は私（庄司）の訳です（以下同じ）。私の訳に不安がある方は、『ドラッカー365の金言』（ダイヤモンド社、2005年）というタイトルで翻訳が出ていますのでそちらを参照してください。

それはさておき、この一節にはドラッカーの考え方が簡潔明瞭に要約されています。彼は自分は経済学者ではないと明言しているのです。

私が「自律している『科学』」と訳出した部分は原書では、autonomous "science" となっています。つまりドラッカーは、経済学を独立した、それ自体で完結できる科学ではないと見ているのです。経済学は、社会学や政治学などに含まれる「領域」、一つの部分だということなのでしょう。

この見解に異議を唱える人は多くいると思われますが、経済学の性格についての議論は別の機会に譲ることにして、ここでは、ドラッカーが経済学とは一定の距離を置いていたということを強調しておきたいと思います。

ただし彼は経済学をまったく勉強しなかったわけではありません。彼は1983年に「シュンペーターとケインズ」という論文を発表しています。そこで彼は、イノベーションが現代経済の特質だとしたシュンペーターを高く評価しています。仲正昌樹は、『思想家ドラッカーを読む』（NTT出版、2018年）で、「ドラッカーの経営学は、『イノベーション』を核とするシュンペーターの経済理論と深く結び付いているのである。（太字処理は著者仲正による）」と書いています。鋭い指摘です。そのとおりだと思います。

ケインズらが均衡状態にあるのが正常な経済だと考えたのに対して、シュンペーターは現代の経済は常に動的で不均衡な状態にあると考えていました。このシュンペーターの考え方が、ドラッカーの社会観察に大きな影響を与えたことはまちがいありません。

一方、ケインズについては、かなり厳しい見方をしています。

> 経済理論の世界では、ケインズがはじまりであり、終わりである。彼は、古典派経済学はもはや通用しないこと、しかもそれがなぜであるかを明らかにした。そして彼は、経済学は新しい問題、すなわち経済的な機械としてではなく、人間として行動する人間が、経済にどのような影響をあたえるかという新しい問題に答えを出さなければならないことを明らかにした。
>
> しかしケインズ自身は、それらの問題の答えにはほとんど何も貢献しなかった。あ

るいは、まったく貢献しなかった。彼自身、古典的な方法論や分析以上に進むことはなかった。

「ケインズ――魔法のシステムとしての経済学」

このあとに、ドラッカーは、「本当のところ、ケインズは、経済理論の進歩を後戻りさせたとさえ言えるかもしれない。」とまで書いているのです。これは1946年、ケインズが亡くなった年に発表された論文です。この論文は『すでに起こった未来』という論文集に収められていますが、この本が出版されたのは1993年です。そのときにも内容を変えていません。経済理論の世界はケインズで終わったという見解を変えていないのです。

彼はずっと現代経済学とは距離を置いていたのです。

彼は経済学専攻ではありませんでした。ハンブルク大学とフランクフルト大学の法学部に在籍し、フランクフルト大学から国際法で博士号を授与されています。学歴だけみれば経済学には縁がなさそうなのですが、ハンブルク大学の入学試験のために提出した論文は「パナマ運河と世界貿易におけるその役割」というものでした。この論文はドイツの経済季刊誌に掲載され、オーストリア・エコノミスト誌から高く評価されて編集会議に招かれることになりました。（それでカール・ポランニと知り合うことになったのです）ドラッカーが世に出たのはエコノミストとしてであったのです。

その後は、フランクフルト日報の経済記者となり、ロンドンに渡ってからはフリードバーグ商会というマーチャントバンクでアナリスト兼パートトーナー補佐として働きます。彼はビジネスマンでもありエコノミストでもあったのです。つまり否が応でも経済学とはつきあわざるをえなかったと思うのですが、それでも彼は経済学を認めなかった。なぜでしょうか。二つの理由があったと思います。

一つはドラッカーが明言しているとおり、彼は物やマネーの動きよりも人の行動のほうに関心があったからです。

経済事象は自然現象ではなく人間によって生起されるものですが、経済学は結果としての経済事象を分析し原因となる人の行動には目を向けないのです。現代経済学は、応用数学といってもいいほど数学を駆使しますが、人の行動を数式化することは困難です。

つまり現代経済学は人間的なものを排除して理論を組み立てるのです。おそらく、それがドラッカーにとっては不満だったのでしょう。

そしてもう一つ、ドラッカーは明言していませんが、彼が観察者であったからだと私は考えています。

現代経済学における理論は抽象的概念であって、ある意味ではフィクションであるということができます。航空力学の風洞実験で用いる模型（モデル）は目に見えるし触れることもできますが、経済学のモデルには触れることはできませんし見ることもできません。つまり「観察」することはできないのです。「観察」のしようがないのです。観察者としてのドラッカーが経済学を認めなかったのも無理はありません。

しかし彼はまったく経済論文を書かなかったわけではありません。上田は前掲『ドラッカー入門』で、「一九八六年、『フォーリン・アフェアーズ』誌に発表した『変貌した世界経済』（『イノベーターの条件』収載）にいたっては、一次産品経済と工業経済の分離、製造業における生産と雇用の分離、実物経済とシンボル経済の分離を知らせて、その年必読の経済論文とされた。」と書いています。

彼は抽象的な理論を組み立てることには関心がなく、あくまでも人間事象としての経済に関心をもって観察していたのです。

ハーバード大学教授でありアメリカ経済学会の会長も務めたジョン・ケネス・ガルブレイス（１９０８〜２００６年）も、ドラッカーと似たところがあります。ガルブレイスは数学的モデルを忌避し平易な文章で経済問題を論じました。彼もまた観察者であったかもしれません。そのためか小説家だと揶揄されたこともありました。おそらく彼ほど著作が広く読まれた経済学者はいないでしょう。そのうえハーバードの教授とアメリカ経済学会の会長を務めたのですから、ノーベル経済学賞を受賞してもなんの不思議もありませんが、彼はノーベル経済学賞を受賞しませんでした。その理由は「数学的ではないから」というなんとも奇妙なものでした。

ドラッカーは、自分は経済学者ではないと宣言していますから、経済学賞を受賞することはありませんでしたが、仮に経済学者であると宣言したとしても、ガルブレイスと同じ理由で受賞できなかったでしょう。

ガルブレイスが数学が不得手だったのかどうか私は知りませんが、ドラッカーが数学が不得手でなかったことははっきりしています。彼は統計学を教えていたこともあるし、前述したように記号論理学も教えていたのです。

それでも彼は現代経済学が応用数学化していくことを危険視していたと思います。

> 私たちは、まだ検証されていない量化、均斉のとれた純粋に形式的なモデル、経験よりも仮定に基づく議論に度外れに依存し、具象という確固たる基盤に一切触れずに次から次へと度外れに抽象を追求するようになった。
>
> 『傍観者の時代』

これは『傍観者の時代』の「アーネスト・フリードバーグの世界」というセクションの一節です。彼がロンドンのフリードバーグ商会で知り合ったヘンリー・ブルンハイムという伝説的なビジネスマンについて書いています。ヘンリーは自らを「行商人」と称し、息子をハーバードのビジネススクールで学ばせましたが、自分はまったく教育を受けておらず、もっぱら経験だけを重視する人でした。ドラッカーは、「今日私たちは『ヘンリーおじさん』のような人たちを必要としている。」と言うのです。

もちろんドラッカーは理論よりも経験が重要だと言っているわけではなく、両方とも重視しています。彼は右の囲みの記述のあとに、プラトンについて言及し、「論理の検証を経ていない経験は『修辞』ではなく雑談であり、経験の検証を経ていない論理は『論理』ではなく不条理である」と書いています。彼はここで現代経済学を名指ししているわけではありません。しかし、彼の批判は、数学を駆使し経験科学たることを放棄し、「度外れに抽象を追求するようになった」現代経済学に最もよくあてはまるのです。

しかし、そのようなドラッカーの考えを無視するように現代経済学は応用数学となっていきました。

１９９０年のノーベル経済学賞は、資産選択の理論、資産の収益率の決定に関する理論を構築したマーコヴィッツらに与えられました。１９９７年の経済学賞はデリバティブ（金融派生商品）の価格を決定する方法に貢献したとして、マートンとショールズに与えられました。ショールズがブラックとともに考案したデリバティブについてのブラック・ショールズ方程式は、京都大学教授であった日本の数学者、伊藤清の「伊藤の補題」から導かれたものです。

方程式で記述されるのは直線もしくは一定の規則性をもつ曲線だけで、ランダムな曲線は微分ができないため方程式であらわすことができませんでした。「伊藤の補題」は微積分に確率論を導入することで、たとえば金融商品の価格変動の軌跡など、規則性のない曲線を方程式で記述することを初めて可能にしたのです。

つまり、これは応用数学そのものです。伊藤もショールズらとともにノーベル経済学賞を受賞してしかるべきだったと思います。もっとも伊藤は自分の理論が経済学者に使われるのをひどく嫌っていましたから受賞を辞退したでしょうが。

それはさておいて、私には資産選択理論やデリバティブの理論が経済学であるとは思えないのですが、百歩譲ってこれらが現代経済学の新しい分野だとしても、ノーベル賞に値するとは思えません。そもそもノーベル賞は、「人類のために最大の貢献をした人」に与えられるものです。資産選択理論やデリバティブの理論などのいわゆる金融工学はウォール街の人々には貢献したかもしれませんが、世界のほとんどの人々は金融工学がなくても困らないのです。とても「人類のために最大の貢献をした」とは言えません。

そもそも現代経済学は、計量経済学者の佐和隆光が言うように「歴史的にも空間的にも、すべてを覆いうるような普遍的なものではない。(『経済学とは何だろうか』)」のです。普遍的でないものがノーベル賞の対象になるというのは不思議ですが、実はノーベル財団はノーベル経済学賞はノーベル賞ではないと明言しているのです。

ノーベル経済学賞については別のところで論じましたので、ここでは詳述しませんが、仮に「ノーベル」を冠するにふさわしい立派な賞だとしても(とてもそうは思えませんが)、金融工学が受賞に値するかは疑問です。それぐらいならドラッカーのほうが、受賞に値すると私は考えています。彼のマネジメント論は、金融工学よりはるかに普遍的だからです。彼のマネジメント論は、組織が存在するところなら、ウォール街だけでなく、世界中のどこにでもあてはまるのです。

では、ドラッカーのマネジメント論はどういうものか、これからそれを見ていきましょう。

2　ドラッカーのマネジメント論

(1)　マネジメント総論

❏ マネジメントとは何か

> われわれは、マネジメントが、企業、政府機関、大学、研究所、病院、軍などの組織に特有の機関であることを知っている。組織が機能するには、マネジメントが成果をあげなければならない。組織がなければマネジメントもない。しかし、マネジメントがなければ組織もない。
>
> 『マネジメント』

managementを英和辞典で引くと、まず、「経営」「運営」「管理」などと出てきます。そして集合名詞としては、「経営者」「管理者」の意味となり、「経営陣」を意味することもあります。つまり、私たちは第一義的には、マネジメントとは株式会社に代表される企業の経営に関することだととらえているのです。

しかし、ドラッカーは、もっと幅広く考えます。彼は企業だけでなく組織があるところにはマネジメントがあると言います。そしてマネジメントがなければ組織もないというのですから、マネジメントは組織が組織であるための必要十分条件、というか組織に不可欠なものであり、組織そのものと言ってもいいと思います。

前節で、ドラッカーのマネジメント論が「金融工学より普遍的だ」とした理由が理解されたと思います。組織はどこにでもあり現代社会は組織社会なのですから。

> われわれは、マネジメントというものが、所有権、階級、権力から独立した存在でなければならないことを知っている。マネジメントとは、成果に対する責任に由来する客観的な機能である。
>
> 『マネジメント』

このセクションでは、ドラッカーの言うマネジメントとはどういうものであるかということを説明しようとしています。私の知るかぎりでは、ドラッカーが自ら「マネジメントとは」と語っているのはここだけではないかと思います。

少し難しいのですが、私の解釈はこうです。

前段は、マネジメントは、人や物に対する支配権とは無関係である、階級によってマネジメントが必要あるいは不要ということはない、そして権力の有無とも無関係だということです。後段は少し難しい。「成果に対する責任に由来する客観的な機能」とはどういう意味か。『デイリー・ドラッカー』に解釈のヒントとなる一節を見つけました。

> マネジメントは何よりも、経済的業績、学生の教育、患者の治療というような、それぞれの組織が存続するための成果をあげることに責任がある。
>
> *The Daily Drucker*　16 January

企業、大学、病院などの組織には、それぞれの組織目的があります。組織目的が達成できない組織は存続できません。組織が存続するための成果をあげることに責任を持つのがマネジメントだと言うのです。少しわかってきたような気がしますが、「客観的な機能」というのは、まだ明確ではないかもしれません。

上田惇生は『ドラッカー入門』で、ドラッカーはコンサルティングで具体的な経営手法を教えることはなく、クライアントの問題を定義することを助けるだけだ、それは「マネジメントとは、手法の束ではなく、ものの考え方だからである。」と書いています。「客観的な機能」と「ものの考え方」がイコールとは言い難いのですが、上田の要約は大きくはまちがってはいないと思います。乱暴かもしれませんが、ここでは上田にしたがって、マネジメントとは「ものの考え方」だとしておきます。

マネジメントの定義に時間を割くことはこれぐらいにしておきましょう、学術論文ではないのですから。とにかく、マネジメントとは、企業だけではなくあらゆる組織に必要な、ものの考え方であるとして先に進みましょう。

次はマネジメントの必要性について考えてみます。

❑ マネジメントの必要性

そもそも私が、1940年代の初めにマネジメントの研究に着手したのは、ビジネスに関心があったからではなかった。今日でもそれほどの関心はない。しかし私は主として第二次大戦の経験から、自由な社会の実現のためにはマネジメントが必要であると確信するようになった。

『断絶の時代』

興味深い一節です。ビジネスに関心がない経営学者がいたということは驚きですが、先に述べたとおり、ドラッカーは経営学者という一つのカテゴリーにとどまる人ではないのです。そして、これも再三強調したことですが、彼の言うマネジメントは企業経営にのみ関わることではないということです。

ドラッカーが、ここでマネジメントの必要性を確信したのは企業経営においてではないことはあきらかですが、では彼が念頭に置いていたのは何か。それは政府であったと私は考えています。

彼は『新しい現実』の第2章で「『社会による救済』の終焉」について論じています。彼によれば、「中世のヨーロッパを支配したのは、『信仰による救済』だった。」「『信仰による救済』が姿を消したあとを埋めたものが、十八世紀中頃に出現した『社会による救済』、すなわち現世の政府に具現された地上の社会秩序による救済だった。」ということです。そのとおりです、異議を唱える人はいないでしょう。しかしドラッカーは、「社会による救済」は終わったと言うのです。

人は、信仰にかわって、社会によって、つまり政府によって救われるはずであったのに、ドラッカーはナチによってドイツから離れることを余儀なくされます。彼だけでなく多くの人がナチによって多大の労苦を強いられたのです。ドラッカーの政府に対する信頼は大きく揺らいだ、いや瓦解してしまったのです。

彼が「主として第二次大戦の経験から」と言っているのはドイツにおけるナチ政権のことを指していると思われますが、彼はその後のソ連の崩壊も見通していました。『新しい現実』が出版された当時、ソ連はまだ存在していましたが、「はじめに」で紹介したとおり、彼はソ連の崩壊を予言していたのです。

ドラッカーが、「社会による救済」の終焉と言ったのは、ソ連の社会主義の失敗が、まずあるのですが、アメリカやイギリスも含まれているのです。彼は『新しい現実』で、レーガン、サッチャー、ゴルバチョフが行ってきたこと、鄧小平の中国が志向していることの「もっとも重要な本質は、『社会による救済』の放棄なのである。」と書いています。「彼らは政府を、完全な社会はもちろんのこと、より良き社会をつくるための機関ともみていない。」と断言します。

「『社会による救済』の終焉」と言いながら、彼は完全に「社会」を見捨てたわけではありませんでした。たとえば政府です。『断絶の時代』には、「われわれは、組織社会における中核の組織として、政府を必要とする。」とか、「政府が何をなすべきかを問うのはいい加減やめにして、政府に何ができるかを考えなければならない」と書かれています。彼の言う「自由な社会の実現」のためには、政府も貢献しうるのです。

しかし、そのためにはマネジメントが必要だとドラッカーは言います。そして政府などの非営利部門にこそマネジメントが必要なのだと断言します。

ほとんどの人にとって、「マネジメント」とは、今日にいたるも「企業経営」である。（略）

しかしやがて、企業であれ企業以外であれ、あらゆる近代組織において、マネジメントの必要性が明らかとなった。

事実、われわれは、非営利であって政府のものではない組織（本書ではこれを社会セクターと呼ぶ）であれ、政府の組織であれ、企業以外の組織においてこそ、マネジメントが一層必要とされることを知るにいたった。

それらの組織は、まさに企業の基礎となっている「決算」という規律を欠いているからこそ、マネジメントを必要とする。

『ポスト資本主義社会』

マネジメントが企業の経営管理だけを意味するものではないということは再三強調されてきたところです。そして非営利部門にこそマネジメントが必要だとドラッカーは言うのですが、その理由を彼は「『決算』という規律を欠いているから」だとします。

株式会社などの営利企業は決算によって企業活動が評価されます。数字があきらかになるのですから成果をあげたかどうかは一目瞭然です。ところが、多くの「社会セクター」は決算をしませんから数字で表現される「営業報告書」はありません。成果をあげたのかどうか、組織目的を達成したのかどうか、外部の者には、そしておそらく内部の者にも、わかりにくいのです。

だから「社会セクター」も企業と同様決算をすべきだと、ドラッカーが言っているわけではありません、もともと「社会セクター」は企業のように活動の結果を数字で表すことは難しいのですから。彼が言うのは、決算がないからこそ、成果に対する考え方を明確にすべきだ、ということだと思います。

ドラッカーは、『マネジメント』で、「魂の救済という教会の目的は、定量的には把握できない。少なくとも帳簿にはつけられない。しかし、教会へ来る人の数は測定できる。『若い人を教会に惹きつける』との目標をも測定できる。全人格の発達という学校の目的は、定量的にはつかめない。だが、『小学三年までに本を読めるようにする』との目標は具体的である。容易に測定できる。かなり正確に測定できる。」と書いています。

定量的に把握するのは不可能と思われることでも見方を変えてみれば、定量的に測定が可能なところが見つかるかもしれない、それが組織が成果をあげているかどうかを考えるさいのヒントになるかもしれないのです。そのようなことを考えるのがマネジメントです。

どんな組織でも成果をあげなければ存続できません。決算報告書によって成果をあきらかにできない組織こそ、マネジメントによって成果を考えてみる必要がある、ドラッカーが言っているのはそういうことではないでしょうか。

⑵ マネジメント各論

ここまでマネジメントとは「ものの考え方」だということを強調してきました。では具体的にどのような考え方をすればいいのか、これからそれを見ていきましょう。

❑ 旧いアイデア、システムの廃棄

何を捨てるかの意思決定ほど、重要でありながら、なおざりにされているものはない。

（略）

組織たるものは、何を目的とするにせよ、昨日の仕事から逃れ、自らの資源とエネルギーを、より生産的な新しい仕事へと動員しなければならない。機会をとらえようとするのであれば、非生産的なもの、陳腐化したものを捨てる必要がある。

（略）

廃棄を最も行っていないものが政府である。何もやめられないことが、今日の政府

の最大の病因である。

『断絶の時代』

旧式のシステムの廃棄、これこそがマネジメントの最も重要な考え方だと思われます。『断絶の時代』から引用しましたが、ドラッカーは他でもひんぱんにこのことを強調しています。たとえば、*The Daily Drucker*の1月5日には、「もしリーダーが昨日を捨てて断念することができなければ、明日を創造することはできないだろう。」という一節があります。

旧式のシステムを廃棄するということは旧いアイデアを廃棄することと同じです。つまり旧い考え方を変えるということなのです。ドラッカーはこのことをケインズから学んだのではないかと私は考えています。

『一般理論』の序文をケインズは、「著者がここに苦心して表明した諸観念は、きわめて簡単であって、容易に理解されるはずである。困難は、新しい観念にあるのではなく、大部分のわれわれと同じように教育されて来た人々の心の隅々にまで拡がっている旧い観念からの脱却にある。」と結んでいます。これは昭和16年の塩野谷九十九の訳ですが、山形浩生の新訳では「ここでダラダラと述べてあるアイデアは、実はかなり単純だしわかりやすいはずだ。難しいのはみんなが持っている古い考え方から逃れるところなのだ。」となっています。

だいぶ表現は異なりますが、「もっとも難しいことは新しい考えを受け入れることではなくて古い考えを忘れることだ。」とケインズは言っているのです。

ドラッカーが『一般理論』を読んでいたかどうか私は調べていないのですが、彼は経済学とは距離を置いていましたから読んでいないかもしれません。しかし、彼はケインズのセミナーに参加していましたから、ケインズが『一般理論』で書いたことを講義で話してドラッカーがそれを聞いていた可能性はあります。

もっともこれは私の憶測にすぎません。ドラッカーはケインズと関係なく、旧式のアイデアを廃棄することの重要性に着目したのかもしれません。いずれにしても、ドラッカーだけでなくケインズも同様のことを強調していたことは注目すべきです。旧い考えを忘れる、捨てるということは、それだけ難しく、かつ、重要だということなのです。

旧式のシステム、アイデアの廃棄ができず消滅してしまった組織の話をしましょう。

ポラロイドカメラというのをご存じでしょうか。私の年代の人になら説明するまでもないのですが、今ではデジタルカメラが主流ですから若い人は聞いたことがないかもしれません。かんたんに言うと、撮影してすぐ写真にしてしまうというアナログのインスタントカメラです。

生涯で535の特許を有したアメリカの発明家でエジソンと並ぶといわれたエドウィン・ハーバード・ランドが3歳の娘から、「パパ、どうして撮った写真がすぐに見られないの。」と言われたのがきっかけで、インスタントカメラを開発したと言われています。ランドは

1937年にポラロイド社を設立しましたが、ポラロイドカメラが発売されたのは1948年です。その後ポラロイドカメラは世界を席巻し、ポラロイド社は世界各地に子会社を設立します。日本ではヤシカが製造契約を結び1960年から製造発売されました。ポラロイド社はアメリカを代表する企業の一つであったことはまちがいありません。

しかし、ポラロイドカメラの全盛時代の1975年には、クロメンコ社から世界最初のデジタルカメラ、クロメンコ・サイクロプスが発売されていました。日本では1986年にキヤノンがまずデジタルカメラを発売し、その後、ニコンやオリンパスなど日本のカメラメーカーはこぞってデジタル化に対応しました。カシオやソニーなどカメラメーカーではなかった会社もデジタルカメラ市場に参入したのです。

それでも、ポラロイド社はデジタルカメラを製造しようとは思わなかったのです。新分野に進出するにはかなりの資金が必要になります。ポラロイド社はその資金がなかったわけではありませんでした。ポラロイド社はアメリカのカメラ業界の巨人、イーストマン・コダック社と特許権をめぐる係争を続けていました。1985年にコダック社の特許権侵害が認められポラロイド社は勝訴し6億ドルの賠償金を得たのです。1985年の6億ドルです。しかし、ポラロイド社はこのお金をデジタルカメラの開発ではなく従来のアナログカメラの性能強化につぎ込んでしまったのです。

結局はデジタルカメラに押されポラロイドカメラへの需要はなくなりポラロイド社は

２００８年に倒産してしまいます。その当時、「ポラロイド社はデジタル化の波に乗り遅れてしまったのだ」という趣旨の記事が経済誌に掲載されたのを記憶しています。

それはまちがいだと言うつもりはありませんが、というよりは「デジタル化の波に乗るつもりはなかった」と言ったほうがいいのではないかと思います。チャンスはあったのに、過去の旧いシステム、アイデアに固執して廃棄、断念することができなかったのです。マネジメントの失敗で倒産したのです。

しかし、そう言うのはかんたんですが、旧いシステムであってもそれが成功をおさめているものであれば、それをあきらめることは非常に難しいことです。

たとえばＥＶ電気自動車。日本はあきらかにＥＶ後進国です。アメリカに先を越されたのはともかくとして中国にも後れをとってしまいました。なぜそうなったか。

原油の安定供給への不安、CO_2排出の環境問題への対応などから、エンジン車からＥＶへの移行は動かしがたいものだということは日本でも早くから認識されていました。それでもＥＶの開発で他国に後れをとったのは、かつて世界の自動車市場を席捲した日本の自動車産業の華々しい成功体験があったからだと私は考えています。まだまだエンジン車で稼げるはずだと考えていたのです。そして世界がＥＶの開発で成果をあげはじめていても、なおエンジン車の性能向上に投資していたのです。つまりポラロイド社と同じ道を歩んでいたのです。

もちろんEV市場で日本の敗北が確定したわけではありません。巻き返せる余地はあるでしょう。同時に数十年後に日本の自動車産業が今の地位を保っているかも保証のかぎりではありません。旧いシステムの廃棄、断念というのは、言うは易く行うは難し、なのですが、それができなければ、企業は生き残れないということだと思います。

ところで、「廃棄を最も行っていないものが政府である」とドラッカーは言いました。このフレーズで真っ先に思い浮かぶのが、日本の「審議会」です。

野口悠紀雄は『戦後経済史』（東洋経済新報社、2015年）にこう書いています。

このときに今に続く審議会制度の原型が作られました。遂行したい政策を、自分からは決して言わない。学者などを集めた審議会を作り、そこから自分たちが希望する内容の答申を出させ、「ありがたい答申をいただきまして」と押し頂いて、政策を実施するのです。

「このとき」というのは1949年から1951年のことです。1949年と1950年にシャウプ使節団日本税制報告書が提出されます。いわゆるシャウプ勧告ですね。このシャウプ勧告に基づいて1951年に税制改革が行われます。野口によれば、報告書は実際には大蔵官僚が作成しシャウプは名前を貸しただけだったということです。「シャウプもドッジと同じく、日本の官僚が自分たちの政策を実施するための神輿だった」と言います。

さらに野口は、「今の審議会は、黒子丸見え、馬脚丸出しの田舎芝居ですが、ドッジ・ラインやシャウプ勧告は、プロの演出者によるほぼパーフェクトな名芝居でした。」と書いています。野口は「プロの演出者」の名前をほのめかしているだけで明示していませんが、おそらく池田勇人でしょう。

それはさておいて、野口は、今の審議会は「田舎芝居」とこきおろしています。彼の審議会の見方に異を唱えるつもりはないのですが、審議会設置の理由を、好意的に考えれば、政策立案にあたって専門家の意見を聞くということもあると思います。すべての審議会が田舎芝居ではなく、本当に専門家の意見によって効果のある政策が出来上がった例もあると思います。

たしかに実効性のある役割を果たした審議会であっても、使命を終えれば審議会は不要になるはずです。ところがいったん設置された審議会は、なかなかなくならない、これが問題なのです。

西川明子は「審議会等・私的諮問機関の現状と論点」(『レファレンス』２００７年５月)で、「平成18年12月現在、国の審議会等の総数は１１０である。」と書いています。そして論文の末尾に、１１０の審議会の一覧表を掲載しています。この一覧表を見ると、奄美群島振興開発審議会（昭和29年設置）と小笠原諸島振興開発審議会（昭和44年設置）の二つだけに「存置期限」が設けられているのです。それは「平成21年３月31日」となっています。つまりこの二つの審議会は平成20年度末で廃止されるということです。ところが調べてみると、現在（２０２４年）でも両者とも年1回開催されているのです。「存置期限」が撤廃されたのか延期されたのかわかりませんが、とにかく今でも存続しているのです。

この二つの審議会の議事録を私は詳細に検討していないので、存続に値するとかしないとかの評価を下すことはできません。ただ言えることは、いったん設置された審議会は、なかなかなくならないということです。

「存置期限」はおそらくアメリカの「サンセット法」をまねたものだと思われます。サンセットとは、行政組織や政策について存続の期限を定めておき、議会が継続を承認しなければ自動的に廃止されるというものです。アメリカでは、行政組織が肥大化し、非能率化し、行政コストが増大しているにもかかわらずサービスは改善されていないという声が大きくなり、１９８０年前後にアメリカの各州でサンセット法が制定されました。

しかしサンセット法はどうも効果があったとは言えないようなのです。畠山武道は『会計検査研究』第17号（１９９８年3月）に発表した「サンセット法の成果と展望」という論文で、「総じてサンセット評価には膨大な時間と人手を必要とし、それに比べると行政コストの削減という効果は期待はずれに終わったことから、サンセットは非常に高くついた学習経験であったといえよう。」と書いています。

彼は主にアリゾナ州のサンセットを検討したのですが、アリゾナ州では廃止された行政機関は非常に少なかったとし、「サンセット評価が政治的圧力に弱いという欠点をさらけだしたのも、アリゾナ州サンセット法の大きな教訓である。」と書き、さらに「ノースカロライナ州がサンセット法を廃止したひとつの理由は、こうしたロビイングの圧力があまりに強かったからであるといわれる。サンセット法は、議会が業者の圧力に弱いことをさらけ出してしまい、圧力団体の活動の場をさらに広げたといえる。」と書いています。

行政は政治に弱い、政治は有権者に弱い、これは日米共通のようです。そして日本でもアメリカでもいったん作られた行政組織が廃棄されることは難しいのです。ドラッカーは「何もやめられないことが、今日の政府の最大の病因である」と指摘しました。「政府」のような決算という規律がないところでは、おそらく病気であることに気がつかないのです。あるいは病気だと思いたくないのかもしれません。いずれにしても、決算という規律がない組織にこそマネジメントが必要なのです。

お役所の話はこれぐらいにして組織一般にもどりましょう。

先にポラロイド社の例をあげて、そのシステム、アイデアが成功をおさめていればいるほど廃棄、断念は難しくなると説明しました。ではどのような場合に廃棄、断念すべきなのでしょうか。

次の三つのケースでは廃棄、断念が正しい行動である。
1　製品、サービス、市場、製法の寿命がもう二、三年しか残っていない場合
2　製品、サービス、市場、製法の保護の唯一の理由が、「これはもう償却済である」という場合
3　旧いあるいは衰退している製品、サービス、市場、製法を維持するために、新しくそして成長しつつある製品、サービス、製法が成長を妨げられたり、ないがしろにされる場合

The Daily Drucker 6 January

この囲みは、*The Daily Drucker* の1月6日 Practice of Abandonment（廃棄の実行）を私が要約、抜粋したものです（原文は箇条書きになっていませんし番号は付されていません）。

ドラッカーは「製品」、「サービス」、「市場」、「製法」をあげていますが、3の後半には「市場」はありません。ところが、上田惇生訳の『ドラッカー365の金言』では、原文にない「市場」が訳出されています。私はこの箇所は「市場」がないほうが自然だと思いますが、なぜ上田が原文にない「市場」を補ったのかわかりません。

いずれにしてもそう大きな問題ではないので、釈然としないところはありますが、先に進め

ます。

✧1について

もう死にかけている製品、サービス、市場、製法は常に最大級の労苦と努力を要求する、それらは最も生産的でかつ能力ある人々を束縛する、だから廃棄が必要なのだとドラッカーは説明します。

✧2について

償却が済んでいれば、もう経費は発生しないと考えがちです。私が「償却済」と訳した原語はwritten offとなっています。wright offですから、まさしく帳簿から経費や損失が消え去る感じです。つまり償却が済んでいればもう負担はないのだからあえて廃棄するまでもないと考えるのです。

しかし、ドラッカーは、「コストのかからない資産など存在しない」と断言します。「表面下に隠れて見えなくなったコストがあるだけだ」と言います。言われてみればそうですね。たとえば土地は減価償却できません、つまり償却が済んだ資産と同じと考えてもいいのですが、固定資産税が発生します。維持費がかからない資産はないということですね。ですから、償却が済んでしまったある資産が、あきらかに利益をあげていないのであれば、それは害にならない資産ではなく、ただ単にコストがかかっているだけの資産ですから廃棄すべきなのです。「コストのかからない資産など存在しない」、ビジネスの世界に関係のない人々でも知っておいて損のない言葉だと思います。

✧3について

ドラッカーはこれが最も重要だと言っています。

ポラロイド社のケースは、この3にあてはまるでしょう。旧い製品のために新しい製品が生まれにくいという状況を認識することは容易だと思うのですが、旧い製品の成功が大きいものであればあるほど、それを新製品に切り替えるということは難しいのでしょう。ポラロイド社だけでなく、新しい製品などに移行できず倒産してしまった企業は少なからずあると思います。企業活動だけでなく、さまざまな分野で成功体験がその後の発展の阻害要因になることはよくあります。言い古されたことですが、過去の栄光にすがっているだけでは発展は望めません。

ビジネスの世界では、発展とまでいかなくても現状維持、つまり生き残ることだけでも大変なことです。

以前、たとえば「これからの企業経営」などという演題の経済講演会などで講師はよく、「生き残る種とは、最も強いものではなく、最も知的なものでもない。最もよく変化に対応したものである。」と言ったものです。これはダーウィンの『進化論』の一節だと言われていました。私はこの言葉に感心して『進化論』を読んでみようかと思ったぐらいです。ところが生物学者に言わせれば、これはまったく根拠がなく不可解で、ダーウィンがこんなことを言うはずがないと言うのですね。そして、あるダーウィンの研究者が、ダーウィンの著作のどこにもこんなことは書かれていないと発表して、今では、これがダーウィンの説だということは完全に否定されています。

ではは誰が言ったのか。私は、ドラッカーではないかと思っています。ただし、彼が「種」という言葉を使うことは考えにくいので、誰かがドラッカーの話を聴いて少し脚色したのではないかと思っています。まあ、これはまったく根拠がなく、ほとんど妄想なのですが。でもドラッカーが言いそうなことだと思いませんか。生物学的にはあやしげな説かもしれませんが、ビジネスの世界では当てはまるからです。そして「種」を「組織」に置き換えることは可能でしょう。

変化に対応する有力な手段は、旧いシステムやアイデアの廃棄、断念であることは言うまでもありません。旧いシステムやアイデアの廃棄、断念ができなければ変化には対応できないのです。

次に私がドラッカーに傾倒するきっかけになったフレーズを紹介したいと思います。

❑リーダーとの距離

人間の活動においてリーダーと普通の人々の距離は一定である。リーダーが良い仕事をすれば普通の人々も良い仕事をするようになるだろう。

The Daily Drucker 7 April

このあとに、全員の業績をあげるよりも、一人のリーダーの業績をあげるほうが容易だ、だからリーダーシップが発揮されるポジションには能力のある優秀な人物を配置すべきだ、と続きます。

組織の構成員全員の力量を高めれば組織の力量はまちがいなく高まるが、全員の力量を高めるのはかんたんではない、しかし強力なリーダーをすれば組織の力量は高まる、そうドラッカーは言っているのです。

その理由は、「リーダーと普通の人々の距離は一定」だからです。原文は、

the distance between the leaders and the average is a constant

ですが、私はこれを読んだとき思わず唸ってしまいました、そうなんだよな。

私はそれまでドラッカーの熱心な読者ではありませんでした。『傍観者の時代』には感心しましたが、小説家、あるいはジャーナリストのような経営学者、というぐらいの認識しかありませんでした。

本屋で、*The Daily Drucker*を見つけたときに、一日に一つのテーマになっているので、毎日、出勤前に一日分を訳してノートに書いていくことを思いつきました。その当時、朝早く出勤するのが好きでしたが、事情があって早く出勤できなかったのです。その理由について書くと長くなるので省きますが、とにかく朝起きてから出勤するまでかなりの時間があったのです。最初は経営学の研究というよりは、英語の勉強のつもりで毎日一ページずつ訳していきました。そしてこの一節に出会って、私はひどく感心し、ドラッカーについてもっと研究してみようと思い至ったのです。

個人的なことはさておいて、リーダーと普通の人々の距離についてです。「はじめに」で私が日本政策金融公庫に勤務していたと書きました。公庫の支店長と支店の職員との距離、課長と課の職員との距離は、私が観察したかぎりでは、ドラッカーの言うとおり一定なのです。いい業績をあげている課の課長は優秀なのです。なかなか業績のあがらない課の課長は今一つなのです。支店長と支店の業績の関係も同じです。支店長や課が代わると支店や課も変わるのです。

このことは公庫だけでなくすべての企業に当てはまるのではないでしょうか。そして企業だけでなくほとんどの組織に当てはまることだと思います。であれば国家にも当てはまる、国家がうまく機能するには全国民が有能でなくても有能なリーダーを据えれば国民も引っ張られ国家はうまく機能するということになるでしょう。

❑リーダーの資質

ドラッカーはリーダーシップについてかなり言及していますが、リーダーに求められる重要な資質はこれだと明確には語っていません。ただ、権力者にはカリスマ性が必要だという考え方には否定的でした。

有能なリーダーというときに私たちはカリスマ性を思い浮かべるかもしれません。企業においてはカリスマ経営者が成功をおさめるかもしれません。しかし国家においては、リーダーにカリスマ性は必要ない、政治的なカリスマ性はむしろ有害だとドラッカーは言うのです。

彼は『新しい現実』の第8章「カリスマを警戒せよ」で、20世紀の4人の巨大なカリスマ的リーダーとして、スターリン、ムッソリーニ、ヒトラー、毛沢東をあげ、彼らほど「政治的なリーダーが害をなしたこともない」と断定しています。そして最もカリスマ的な軍事リーダーであったマッカーサーは「そのカリスマ性からくる傲慢さのゆえに」、トルーマンの命令や中国の反攻の兆候を無視し朝鮮戦争で敗北した、アメリカ人がカリスマ的リーダーとしてあげるJ・F・ケネディは「内政的には、何もしていない」と言います。「カリスマ的リーダーといえども、現実を動かすことはできないのです。」

カリスマ性が不要だとすれば、どのようなリーダーがいいのか。ドラッカーはこう言います。

> 今世紀における建設的な成果は、全くカリスマ性とは縁のない人たちの手によるものである。第二次大戦において連合軍を勝利に導いた二人の軍人は、いずれもきわめて規律に厳しく、きわめて有能であって、しかもおそろしく退屈なアメリカ人、ドワイト・アイゼンハワーとジョージ・マーシャルだった。
>
> 『新しい現実』

そしてドラッカーは、ドイツ社会が第二次大戦の敗戦から急速に復興したのは、戦後の最初の首相コンラッド・アデナウアーの手腕であったと書きます。しかし彼は「何ら個性のない陰気で学者風の官僚」でした。イギリスの占領軍は、彼が前職のケルン市長に返り咲こうとしたときに「政治的に無能」として拒否したということです。ドラッカーは、アデナウアーがもっていたのは、「カリスマ性ではなく、ビジョンと深い信仰と、責任感と、勤労意欲だった。」と言っています。ドラッカーは、もう一人、戦後西側の復興に貢献した人としてハリー・トルーマン大統領をあげ、彼もアデナウアーと同じ資質を持っていたとし、それらに「助言を得ようとする謙虚さ」を付け加えています。

ドラッカーは、「今世紀（20世紀です）における建設的な成果は、全くカリスマ性とは縁のない人たちの手によるものである。」と言っています。おそらく21世紀も、まだ始まったばかりですが、そうなるでしょう。

日本でも、特に名前をあげるまでもありませんが、いかに自分を劇的に見せるかということだけに腐心している政治家、自治体の首長がいることを私たちは知っています。そのような人物を、日本のメディアは「発信力がある」という安直な言葉で評価するのです。しかし、その「発信力」のある人の発言や行動は、ただ混乱をもたらしているだけで建設的な仕事は何もしていないように私には思われます。ドラッカーは「カリスマを警戒せよ」と言いましたが、私は「発信力を警戒せよ」と言いたいですね。

ところで前の囲みの中で、上田らが、「きわめて規律に厳しく」「きわめて有能であって」と訳した部分は、原文では、highly disciplined, highly competentとなっています。disciplineは、たしかに「規律」とか「規律正しい振る舞い」という意味ですが、動詞として用いられる場合には、第一義的には「訓練する」、「しつける」、「鍛錬する」という意味なので、ここでは、「よく訓練された」と訳したほうがいいと思います。

competentは「有能」でまちがいではありませんが、特定のことをこなす専門的な能力があることをいいます。「適格」という意味もあります。

つまり、充分な成果をあげることができるリーダーとは、アイゼンハワーやマーシャルのように、たとえ「面白みに欠け」ていても、「よく訓練されて」いて「規律正しく」、「専門的な能力」を有している人で、そして、アデナウアーやトルーマンのように、「責任感」と「勤労意欲」があり、「助言を得ようとする謙虚さ」を持ち合わせている人なのです。カリスマ性や「発信力」は必要ないのです。

そのことをドラッカーの言葉で再確認しましょう。

> 真の指導者は「カリスマ」で導くわけではない――たとえばそれが宣伝係のでっちあげでなくても、カリスマなど甚だうさんくさいものであり、いかがわしいものである。真に力のある指導者は、勤勉と献身によって導く。彼はすべてを掌握しようとはせずに、チームをつくる。彼は、手練手管で支配せずに誠意で支配する。真の指導者は利口ではなく、純粋で誠実である。
>
> 『傍観者の時代』

リーダーの仕事は、平凡な人々を集めて組織化し、彼らを指導して非凡な仕事をさせることです。そのためにカリスマ性は必要ないということなのです。リーダーには人を惹きつける資質は必要ないということなのです。

❏反対のための反対

ドラッカーは１９４３年に当時世界最大のメーカー、ゼネラル・モーターズ（ＧＭ）から誘いをうけて当社のマネジメントを研究することになりました。そこで彼は伝説的な経営者と言われたＧＭのＣＥＯアルフレッド・スローンと意見交換をすることになります。ドラッカーは、スローンについて『傍観者の時代』の「専門経営者アルフレッド・スローン」というセクションで詳しく書いています。

タイトルに「専門経営者」とあるのは、それまでは、経営者といえばオーナー経営者でしたが、スローンはアメリカで最初の本格的な専門経営者であったからです。

スローンの言うことは、たとえば、「職場では友人をつくるな」とか、私たちには理解しにくいところもあるのですが、ドラッカーはスローンを高く評価しています。

ところで、ドラッカーは、マネジメントに欠かせない意思決定についての一つのテーゼを提示しています。

> マネジメントの行う意思決定は、全会一致によってなされるようなものではない。対立する見解が衝突し、異なる見解が対話し、いくつかの判断のなかから選択が行われて初めて行うことができる。したがって、意思決定における第一の原則は、意見の対立を見ないときには決定を行わないことである。

これもまた私たちには理解しにくいのではないでしょうか。全会一致が望ましくないなんて。

ドラッカーはこのあとにスローンの話を紹介しています。スローンは、「会議の席上『それでは、この決定については全員の意見が一致していると考えてよいか』と聞き、全員がうなずくと、『では、意見の対立を生み出し、問題の意味について理解を深めるための時間が必要と思われるので、次回また検討することにしたい』と言ったという。」とドラッカーは書いています。

マネジメントの意思決定の全会一致は望ましくない、という考え方はスローンのものだったのですね。ドラッカーのマネジメントの理論はスローンから多くの影響を受けています。その経営手腕だけでなく人格についてもドラッカーは評価しています。

スローンは非常に興味深い人物ですが、目下のテーマからはずれるので、彼の人となりについてふれるのは後にしておきましょう。ただ彼の母校であるマサチューセッツ工科大学のビジネス・スクールが彼の業績を讃えるためにスローン・スクールと名づけられたことだけをあげておきます。

ところで、全会一致はどうして望ましくないのでしょうか。なぜ意見の対立があったほうがいいのでしょうか。ドラッカーはその理由を三点あげています。

1　意見の対立を促すことによって、不完全であったり、まちがったりしている意見によってだまされることを防げる。
2　代案を手にできる。行った意思決定が実行の段階でまちがっていたり、不完全であることが明らかになったとき、途方に暮れなくともすむ。
3　自分自身や他の人の想像力を引き出せる。

『マネジメント』

言われてみると、なるほどと思いますが、そう言われてもやはり、特に私の年代以上の者は、意見の対立は望ましくない、全会一致が望ましいと思っているはずです。若い世代ではどうなのか私は確信が持てませんが、全会一致が望ましいという日本の伝統的な考え方は依然として残っているように私には思われます。一つ例をあげましょう。

２０２３年2月に原子力規制委員会は、原発の運転期間の実質延長60年超を容認することにしました。しかし、これは全会一致ではなかったのです。五人の委員のうち一人が反対し委員長が説得したのですが応じず多数決で決められたのです。ほとんどのマスコミは、これを「異例の多数決」と報じました。

国会での法案採決はともかくとして、このような委員会では、多数決は異例だと強調されるのは、やはり全会一致が望ましいという考え方があるのでしょう。

特に、ひと昔前のビジネスの世界ではそうでした。会議の場で反対意見を表明するというのは勇気のいることでした。それは議論討論が盛り上がるということではなく、会議は「紛糾」したとみなされるのです。読者の中には、自分の昇進にさしつかえると考えて反対意見を言わなかったという人もいるかもしれません。日本には、「出る杭は打たれる」とか「長い物には巻かれろ」ということわざがありますが、そういった自分の保身というレベルの低い思想のほかに、「和」を乱してはならない、という日本に特有の考え方があります。私はそれを美徳だとは思いませんが理解はできます。「和」を重んじることも全会一致が望ましいという考え方につながっているのでしょう。

しかし、よくよく考えてみれば、ドラッカーに指摘されるまでもなく、意見の対立があったほうがいいに決まっています。たとえば専制国家とみなされているところでは、おそらく政策についての意見の対立は、表面上は、ありません。それどころか異なる意見を唱えれば自分の身が危うくなることすらあるのです。

専制国家で採用される「全会一致」の政策が、世界平和に貢献した例を、あるいは自国の繁栄をもたらした例を私は知りません。やはりドラッカーの言うように意見の対立があったほうがいいということなのでしょう。

もちろん、全会一致で決められたことはすべてまちがいで、意見の対立があったものはすべてうまくいくということではありません。ドラッカーの言っていることは、全会一致はだめということではなく、そこに至る過程を問題にしているのです。何の議論もなく、しゃんしゃんと決まってしまう全会一致が問題だと言っているのです。

衆議院議員の木原誠二の『英国大蔵省から見た日本』（文春新書、２００２年）にはこういう記述があります。


英国では、とにかく、反対意見が非常に尊重される。それは、日本人から見ると、「ためにする反対」であるが、一方で、その「ためにする反対」こそが、英国社会が少しずつではあるが着実に前進していった要因の一つでもある。

例えば、職場での会議などに参加すると、とにかく会議が一方向に流れることのないよう、個人的意見とは別に、わざわざ反対意見を言う人が非常に多いことに気づく。


『英国大蔵省から見た日本』は木原誠二が大蔵省時代に英国大蔵省に出向したときのことを書いたものです。すぐれた日英比較文化論になっています。一読をお勧めします。

それはさておき、日本では「反対のための反対」は非生産的なものと見なされますが、どうも英米ではそうではないようです。『マネジメント』から引用した前の二つの囲みの記述はドラッカーの独創ではないのです。英米には議論を戦わせることが重要だという文化があります。彼らに言わせれば反対意見を許さないのはファシズムなのです。日本式の「和」を重んじるやり方も、議論を経ていなければ、ファシズムといっしょなのかもしれません。

日本には西洋にあるような議論、討論の文化はありません。それは日本が宗教とは無縁の社会だからです。西洋でも東洋でも、議論、討論は宗教の教義の解釈をめぐって発展し習慣となったものです。宗教に無関心の日本では議論、討論が習慣にならなかったのです。

特に一神教の信者は、自分と異なる宗教の信者は、つまり異教徒は自分たちとはまったくちがう人間であるということを明確に意識しています。ですから考え方が異なっている人たちには自分たちがいかに正しいかを熱心に説明しようとします。

ところが日本人は、そもそも宗教に熱心ではないので、「異教徒」という概念を意識することはほとんどありません。みんな自分と同じ考えだと思っているのです。ですから日本人は自分の考えを他人に伝えることに熱心ではないのです。

話が日本人論になっていきそうなので元に戻しましょう。

企業経営だけでなく、行政でも政治の世界でも、「反対のための反対」だとしても議論が充分行われ、さまざまな意見が出てくることによって見えてくるものがある、ドラッカーの言っていることはそういうことだと思います。

❑ 学校教育

ところで、意外に思われるかもしれませんが、ドラッカーは学校教育についても言及しています。

できない子がいるということは、学校の恥以外の何ものでもないということである。できない子などありえない。お粗末な学校があるだけである。そのような学校があるのは、教師が愚かであったり、能力がないからではない。しかし、正しい方法と正しい道具が欠けているからである。

『断絶の時代』

「お粗末な学校」と言えば、教師がお粗末と私たちは考えがちです。しかし、ドラッカーは教師の能力は関係ないと言います。「正しい方法と正しい道具が欠けている」、つまり、「お粗末な学校」は「マネジメントが欠けている学校」と言いかえることができると思います。

学校教育というと私には「学力テスト」が思い浮かぶのです。

私は平成19年（２００７年）から平成22年（２０１０年）まで日本政策金融公庫の秋田支店に勤務していました。その当時、秋田の児童生徒の全国学力テスト結果が3年連続して日本一だったのです。良好な結果が続いたことに加えて、当時の寺田秋田県知事が、公表しないこととされていた市町村別のデータをあえて公表したことが物議を醸したものでした。

その結果あきらかになったことは市部の学校より郡部の学校の方が成績が良いということで

した。特に良かったのが東成瀬村の小学校です。私は何度か東成瀬村を訪れたことがあります。東成瀬村は村の9割が山林の人口2600人の小さな村です。こんなことを言うと東成瀬村の人に怒られますが、何もないところです。

そんな村の小学校の児童の成績がなぜ良いのかを探ろうと全国各地から小学校の教師が東成瀬小学校に視察に来たのです。

私もいくつかの報告書を読みましたが、特に東成瀬小学校でユニークな教育が行われているわけではありませんでした。図書室が充実していてその利用率が高いということはありましたが、特に目新しいものはなかったのです。全体的なトーンは「きめ細かな指導が行われている」というものでした。

つまり生徒数が少ないため教師は生徒全員に目が届くのです。生徒数が多い都市部の学校よりも生徒と教師の距離は近いのです。秋田では市部より郡部の方が成績が良いと先に書きましたが、それは、おそらく秋田だけでなく全国どこでもそうだと思われます。教師一人当たりの生徒数が少なければ少ないほど濃密な指導ができることはあきらかです。東成瀬小学校の事例はこの明白な事実を再認識させたと言っていいでしょう。

実は、東成瀬村をはじめとした秋田の郡部では小学生が学校行事として地域の伝統行事などに参加するのです。地域住民は学校の児童を自分の家族のように扱う、個々の家庭だけでなく地域全体で児童を育てているのです。都市部では望むべくもないことです。

そのようなことが学業にいい影響を及ぼすことはあきらかですが、ここでは、とにかく教師一人当たりの生徒数を問題にしたいと思います。

しかし、学級の生徒数は学校の判断で決められるものではありません。決めるのは国なのです。１９４７年（昭和22年）に制定された「公立義務教育諸学校の学級編制及び教職員定数の標準に関する法律」で１学級の標準人数が定められているのです。

当初は1学級あたり50人が標準でしたが、その後40人になり、現在は35人学級に移行中です。40人と定められたのは１９８０年（昭和55年）でしたが、財政難を理由に実施は先延ばしされていました。実施されたのは１９９１年（平成３年）です。財政の問題が解消されたわけではなく、生徒数が減少したため教員を増やさずにすむことがわかったからです。

ところで、加藤周一は、１９６１年に発表した「日本の英語教育」で、「外国語の教育をまじめにやろうと思えば、その外国語が日本語だろうと、英語だろうと、教師一人あたりの生徒の数が多くて一〇人か一五人ぐらいでなければ、十分な効果を期待することはできない。」と書いてこう続けます。

そこで教師一人あたり生徒数を少なくすることは、外国語教育の大前提だということになるが、そうするための方法には、二つがある。金があれば、教師の数を多くする。金がなければ、試験をして成績の悪い生徒を教場から追い出す。第三の方法はありえない。

これは外国語教育について論じられているのですが、教師一人当たりの生徒数問題は初等教育にも当てはまります。60年以上も前に加藤が指摘しているとおり、教育の効果は教師の数を増やすことで容易に得られるのです。しかし教師の数を増やすことは日本では容易ではありませんでした。

日本の初等教育は経済に合わせられるのです。経済が優先するのです。日本の教育関連予算は多くはありません。それは日本の政治家が「教育は票にならない」と思い込んでいるからだと言われていますが、それはさておいて、最初に一学級の生徒数が示された（60人）のは１８８６年（明治19年）の小学校令によってですが、それから１５０年間、日本の教育システムはほとんど変化していません。１９４７年（昭和22年）に制定された『教育基本法』は、個人の尊厳を重んじるということが前文で謳われている画期的なものでしたが、それは精神的なものであって、実質的には、いわゆる戦後改革を経ても、明治以来の文部省、文部科学省が絶対的権勢をふるうシステムは変わっていないのです。

40人学級は30年以上続きましたが、この間、学級崩壊という言葉が登場したり、いじめ、不登校、教員の過剰労働などさまざまな問題が出てきました。それらの問題を解決するためには教員の数を増やしさえすればいいというつもりはありません。しかし、少なくとも、教員の過剰労働は教員の数を増やすことによってまちがいなく解消されるはずです。それがかんたんにできなかったことに日本の初等教育の問題があるのです。

加藤は、金がなければ生徒を減らすと書きましたが、もちろん、これは彼の肯定するところではありません。彼は文教予算を増やすべきだと言い、「文教予算をふやすには、たとえば軍事予算をけずるほかはない」と書いています。正論というべきです。

加藤の国家予算についての見解に対する論評はさておいて、金がなければ生徒を減らすのは高等教育においては可能かもしれませんが初等教育、義務教育においてはそうはいきません。ここに初等教育の難しさがあります。

初等教育は市場原理になじまないものです。ですから日本に限らずどこの国でも初等教育は政府の重要な仕事なのです。文教予算より軍事予算、国防予算が重要だとする国の将来は明るいものではありません。日本では初等教育は経済に合わせられると書きました。しかし、経済を重視するのであれば、教育にお金をかけるべきなのです。経済成長に必要なのは優秀な人材、労働力です。

そのことは、おそらくみんなわかっているはずです。言うは易し行うは難し、の典型なのかもしれません。初等教育の難しさは、財政問題もさることながら、それが、マネジメントの考え方が欠如している、つまり旧い考え方を払拭することができない政府、役所が支配しているということにあるのです。

ドラッカーが、決算という規律を欠いているところにこそ、つまり公的部門にこそマネジメントが必要だと言ったことを思い起こすべきでしょう。

彼は教育についてさらに興味深い発言をしています。

> 落ちこぼれは、社会の側の失敗である。社会が喜んで仕事を与えてくれる歳まで、彼らを学校に引きつけ、とどめておけなかった学校の失敗である。生徒に対する責務という自らの最大の責務を全うできなかった教師の失敗である。われわれは、強制したり水準を下げたりすることなく、学校を面白く通いがいのあるものにしているか、落ちこぼれを防いでいるかによって教育を評価すべき時にきている。
> 落ちこぼれとは、教育の品質管理の失敗である。
>
> 『断絶の時代』

「教育の品質管理の失敗」はマネジメントの失敗にほかなりません。先に「正しい方法と正しい道具が欠けている」とドラッカーが言ったことを紹介しましたが、これもまたマネジメントの失敗であることは言うまでもありません。視点を変えれば、教育の諸問題はマネジメントしだいで解決が可能だと言えます。

私が「興味深い」と書いたのはそのことではありません。それももちろん興味深いことではあるのですが、彼が「落ちこぼれを防いでいるかによって教育を評価」すると言っていることに私は注目します。

企業の業績は決算書によってあきらかにされます。一目瞭然です。公的部門の業績評価は、決算という概念がないので、企業ほどかんたんではありません。そもそも、公的部門は市場になじまないものを扱うので、つまり、数値化されにくいものを扱っているので業績や成果が数字で表されることはなく業績評価が難しいのです。

組織の成果を測定するさいに数値目標が使われることがあります。しかし組織によってはその成果を数値化することは困難であり数値目標を掲げることは不可能とされることがあります。たしかに、あらゆることが数値で表現できるとは思われません。しかし、そのことと数値目標の設定は別の話です。要は意欲の問題で、よく考えてみれば、無理と思われるものでも見方を変えれば、意外と数値目標を設定できるケースは多いのです。

落ちこぼれ、つまり中退者の数は把握できます。ドラッカーの主眼は、教育の評価の問題であって数値目標にはないのですが、考え方によっては数値目標を設定することは可能だということを示しているとも言えます。

もう一つ注目すべきは、「落ちこぼれは、社会の側の失敗である」というフレーズです。アメリカでは何でも個人の責任にしてしまう傾向が顕著です、日本では逆に個人に非があるとしても何でも社会のせいにしてしまいますが。それはともかく、「落ちこぼれ」を個人の責任にすることなく「社会の側の失敗」だというのはアメリカ人らしからぬ発言のように思えます。

日本で何でも社会のせいにされてしまうのは、それだけ社会が期待されているということです。アメリカでは、政府は何もしないほうがいいという考え方に代表されるように、社会に対して多くを期待してはいません。

ドラッカーが「社会の側の失敗」と言うと、彼は社会に対して少しは期待しているかのように思えます。

しかし彼は『新しい現実』で、「社会による救済」の時代は終わったと言っているのです。中世ヨーロッパを支配していた「信仰による救済」は17世紀のなかばに力を失い、18世紀なかごろに出現したのが「社会による救済」であったが、それも終わってしまったとドラッカーは言います。やはり彼は社会に期待していないのでしょうか。

しかし、彼が「社会による救済」というときの「社会」はソ連や中国を念頭に置いた社会主義国家のことなのです。ソ連は崩壊しましたが、中国は世界で存在感を増す存在になっています。したがって、ドラッカーの「社会による救済」の時代は終わったと言う主張に異を唱える人もいるかもしれません。その議論は別の機会に譲ることとして、彼が「落ちこぼれ」で言った「社会」は、国家に限定しているわけではなく、学校なども含めた広い意味での組織なのです。彼が「社会」に対して何も期待していないということではないのです。

ドラッカーは『断絶の時代』でアメリカ政府はほとんど機能しなかったと書いて当時の大統領であったニクソンを不機嫌にさせたことがありました。おそらくアメリカだけでなく政府一般に対して、政府という組織に対して不信感を持っていたと思います。

しかし、たとえばミルトン・フリードマンに代表されるような政府の役割をほとんど認めない機会の平等だけ保障されていればいいという市場主義経済学者とはあきらかに一線を画しています。機会の平等だけ保障されていればいいというのは経済的強者の論理ですが、ドラッカーの学問体系は、現代経済学のような強者のための学問ではありません。現代経済学者のように政府一般に対して不信感を抱いていたとしても、すべてを個人の責任にし社会一般の役割にはほとんど期待しない現代経済学とはあきらかに距離を置いていたと思います。

すべてを個人の責任としてつきはなすのではなく、社会の側にも責任があるというドラッカーの考え方は、日本では受け入れられやすいかもしれませんが、その社会にあってはマネジメントが機能していなければならないということが大前提となっていることを私たちは見落としてはいけないのです。

(3) マネジメントの哲学

次にドラッカーのマネジメント論の特徴、本質について考えてみたいと思います。

彼はマネジメントは実践的でなければならないと言います。経営政策は正しいか誤っているかではなくて、うまくいくかどうかなのだと言います。医学の処置と同じで患者が治るかどうかなのだというのです。

マネジメント論は論理学や神学ではないのだから、絶対的な原則はないということを強調したあまり、自分は学界から疎んじられたとドラッカーは述懐しています。たしかに、当時の学会からは、ドラッカーは学術的ではなく経営コンサルタントにすぎないと思われたのかもしれません。しかし、よく読んでみれば彼の理論には思弁的な哲学的なところもあるのです、というよりは、そこがドラッカーの本質であると私は考えています。

❏リーダーシップとは

ある組織が精神的に偉大だとすれば、それはトップの人々の精神が偉大であるからだ。もしそれが腐敗しているとすれば、それはトップが腐っているからだ、「木はてっぺんから枯れる」ということわざがあるように。下位の者の模範にならないようなキャラクターを有している人物を高い地位に配置してはいけない。

The Daily Drucker 1 January

ドラッカーのマネジメント論の最大の特徴は、伝統的な経営学がほとんど扱ってこなかった人間の資質について論じているところにあります。*The Daily Drucker* の編者　J・A・マチャレロが「リーダーシップにおける高潔」というタイトルを付して、これを1月1日、つまり一番最初に据えたのは象徴的です。マチャレロもドラッカー経営学の本質が人間重視であることを見抜いているのです。

彼はthe spirit of an organizationというフレーズを用いました。私は「組織の精神」と訳しましたが、spiritは肉体や物質と反対の概念です。つまり実体的でないもの、目に見えないものですが、そのようなものを問題にするのは哲学であって経営学ではないということになるでしょう。ドラッカーは哲学者でもあると言われるゆえんです。

先に「リーダーとの距離」「リーダーの資質」のセクションでリーダーシップについては少しふれましたが、ここでもう少し立ち入ってドラッカーのリーダーシップ論について考えてみたいと思います。

ところで、彼は『マネジメント』で三菱の創業者、岩崎弥太郎についてふれています。引用してみましょう。

岩崎は明治維新直後の一八六八年、ほとんど一文なしの武士からスタートした。一五年後には、三井、住友という一七世紀から続く産業勢力を抜いた。まさにそのときが、三菱にとって、フォードの一九二〇年代初頭に相当する時代だった。成長は鈍化し、衰退の兆しさえ見え始めた。だが三菱にとって幸いだったことに、彼は一八八五年、五〇歳でこの世を去った。

側近たちは、家憲を守り、岩崎家の当主にあらゆる権限を与えると誓っていた。だが彼の死後、ただちに組織改革に取り組み、日本でもっとも強力にして、もっとも専門的、かつもっとも自律的なマネジメント・チームをつくりあげた。岩崎家は最大の敬意をもって遇されたが、マネジメントからは外された。そのときから三菱の真の興隆と成長が始まった。

最近はほとんど言われなくなりましたが、かつては「人の三井、組織の三菱」と言われたものでした。ドラッカーのこの記述はそれを思い起こさせます。しかし、この記述にはかなり問題があります。

弥太郎の死去によって三菱は発展したと彼は言うのですが、それはどうでしょうか。「成長は鈍化し、衰退の兆しさえ見え始めた」というのは、明治15年から18年にかけての共同運輸との「死闘」とよばれたほどの激しい価格競争によって三菱商会が経営危機に陥ったことを指していると思われます。三菱と共同運輸の競争はたんなる私企業の競争ではなく、両社の背後にある政府と立憲改進党の抗争であったと言われていて、日本の政治史経済史における興味深い問題なのですが、本論からはずれるのでここでは立ち入りません。とにかく、共倒れを避けるために政府は明治18年1月に両社に和解勧告を出し、8月に両社は合併し日本郵船となったということを押さえておきましょう。

その後三菱は海運中心の経営から鉱山の開発経営、造船業、銀行経営など経営多角化を図りそれが成功し大きく発展します。それが弥太郎の死後のことなので、ドラッカーは、弥太郎の死が「三菱にとって幸いだった」と書いたのだと思います。弥太郎が逝去したのは明治18年2月です。政府の和解勧告が出たのが1月ですから彼の死を待って和解の方針がでてきたわけではありません。収束の方向は見えていました。弥太郎の死が幸いしたというのは言い過ぎだと思います。

それに「彼の死後、ただちに組織改革に取り組み」、「岩崎家は（中略）マネジメントからは外された。そのときから三菱の真の興隆と成長が始まった。」というのは事実に反します。

弥太郎の死後、ただちに岩崎家が経営から退いたわけではありません。弥太郎の死後、彼の弟、岩崎弥之助が社長に就任します。お飾りではありません。「マネジメントから外された」のではないのです。彼は、明治19年に、銅山、炭鉱、水道、造船、銀行を経営する三菱社を設立します。その社則には、「役員の進退及び業務の執行は、細大すべて社長之を示明すべし。他の役員をして決して専行するを赦さず」とあります。社長は言うまでもなく岩崎弥之助です。つまり三菱社は岩崎家の事業であり岩崎家がマネジメントから外されることはありえなかったのです。

たとえば、経営史家の米倉誠一郎は、『イノベーターたちの日本史』（東洋経済新報社、

2017年）で、「三菱に関しても弥太郎のアニマルスピリットが強調されることが多いが、弟・弥之助の戦略性にも高い評価を与える必要がある。五一歳と比較的若くして亡くなった弥太郎の後を継いで、弥之助は海運事業の前方・後方にわたる垂直統合戦略を主導しただけでなく、多くの人材を雇用し、彼らに高い自主性を与えて事業運営を主導させた。『海から陸へ』という三菱の戦略転換も、弥之助のリーダーシップによるものであった。」と書いています。弥太郎の死後、岩崎家がマネジメントから外されたというのは明らかに誤りです。

三菱社は1898年、明治26年に合資会社となり、岩崎家の家産と事業は分離されました。しかし、岩崎家が三菱の事業から完全に身を引くのは太平洋戦争後の財閥解体まで待たねばなりませんでした。

ドラッカーは三菱の歴史について誤解していると思うのですが、それはさておいても、私が驚いたのは、弥太郎の死去が三菱にとって幸いだった、と書いたことです。これは弥太郎の経営手腕をまったく評価していなかったということを示しています。

推測ですが、ドラッカーは弥太郎のような人物が好きではなかったのだと思います。そしておそらくヘンリー・フォードも。ドラッカーはもちろん明言していませんが、弥太郎のように、目的達成のために猪突猛進し、ときには目的実現のためには手段を選ばずというところがある経営者は好きではなかったのだと思います。

ドラッカーは、ヘンリー・フォードや弥太郎はマネジメントを信用していなかったと言っています。ただ弥太郎について、経営史研究者の宮本又郎は、『日本の近代11　企業家たちの挑戦』（中央公論新社、1999年）で、「弥太郎自身は野人であったが、その子弟には海外に留学させるなど高い教育を受けさせている。また弥太郎は福沢諭吉の『実業立国論』に共鳴し、福沢や彼の門下生がかかわった横浜正金銀行や明治生命に出資したほか、慶應義塾の卒業生を多数採用している。これらは、弥太郎がある種の知的エリート志向をもっていたことを伺わせるものであるが、『知謀』『権略』『交際』を武器としていたといわれる弥太郎のもう一つの側面としての合理主義的思考も見逃すべきでない。」と書いています。

つまり、弥太郎はマネジメントを理解する合理主義的精神を持ち合わせていたのです。それでも、宮本が「野人」と評したように、弥太郎には粗野なところがあったのです。

ここでは詳述しませんが、ドラッカーは語り伝えられている弥太郎の評判の良くない行状を知っていたのではないでしょうか。それらは決して下位の者の模範になるようなものではなかった。だから彼は、弥太郎はリーダーにはふさわしくないと考えたのではないでしょうか。

ではドラッカーはどんな人物がリーダーにふさわしいと考えたのでしょうか。彼は具体的な名をあげて、彼こそトップにふさわしいと明言することはありませんでしたが、リーダーシップなどについての記述から、それはゼネラル・モーターズ（GM）のトップであったアルフレッド・スローンであったと言っていいでしょう。

スローンについては、「反対のための反対」のセクションで少しふれました。全会一致は好ましくないという考え方は、私たち日本人にはすんなり受け入れるのは難しいところがあるのですが、そればかりではなく、スローンの考え方は私たちには意外と思わされるところが多いのです。

The Daily Drucker の4月14日は、「アルフレッド・スローンのマネジメントスタイル」というタイトルで、

社内にお友達がいる重役は公平であり続けることはできない。

という スローンの言葉を掲げています。ドラッカーは『傍観者の時代』で、「専門経営者アルフレッド・スローン」という章を設け、スローンの人となりについて詳しく書いていて、「自分の後継者は自分でつくるな」という言葉とともに、「孤独が好きな人間もいるが、私は嫌いだ。いつも仲間と一緒にいたい。でも職場で友達をつくってはならなかった。私はいつも公平でなくてはならず、誰か特定の人間を贔屓にするような態度はゆるされなかったからだ。」というスローンの言葉を紹介しています。

「自分の後継者は自分でつくるな」というのはわかります。日本ではビジネスの世界だけでなく政治の世界でも自分の後継者を指名するということがよくあります。しかしそのことに眉をひそめる人も少なからずいて、最近は、退任するさいに後継者は指名しないと明言する人も目

立つようになりました。今後は、後継者を指名するということは、少なくとも表立っては、なくなるのではないでしょうか。

しかし、友達をつくるなというのはどうか。日本ではなかなか受け入れられないのではないでしょうか。私たちは、友人がいないということは人間として何か欠陥があるのではと考えがちです。いったい、スローンという人はどんな人間なんだろう、友達をつくれ、ならわかるが、友達をつくるな、なんだから、そう思われるかもしれません。

たしかにスローンの言葉は奇異に感じられるかもしれません。でも、よく読んでみれば、彼は「社内で」と言っているのです、職場に限定しているのです。社外で友達をつくるなと言っているわけではありません。

ところが、日本では、これまでの日本では、と、ことわっておきますが、ほとんどのサラリーマンは会社で一日を過ごしました。5時以降も会社の同僚と居酒屋で酒を飲みながら上司の悪口を言ったりして帰りは深夜になる、休日出勤することもある、会社中心の生活だったのです。つまり明確に社内と社外を区別する時間は少なかった。だから、社内で友達をつくるなということは、どこでも友達をつくるなということといっしょなのです。

ですからアメリカのように社内と社外が明確に区別されているところでは、社内に友達をつくるなという言葉は、なるほどと思われるでしょうが、会社中心の日本では、そう言われてもねえと疑問に思われるかもしれません。

ドイツの社会学者フェルディナント・テンニースは、社会、集団をGemeinschaft（ゲマインシャフト）とGesellschaft（ゲゼルシャフト）の二つに分類しました。ゲマインシャフトは、共同、結合、共同体を意味するドイツ語ですが、テンニースは、家族、友人仲間、近隣などの基礎的な集団がゲマインシャフトであるとしました。この対立概念がゲゼルシャフトです。ゲゼルシャフトも、仲間、共同などの意味がある言葉ですが、会社、結社、協会などを指します。テンニースは、ゲゼルシャフトを、分離を本質とする機能的集団で、企業などのように利害、打算で結びついている集団であるとしました。ゲマインシャフトは前近代的、ゲゼルシャフトは近代的な社会類型とされます。

おそらく欧米の人たちは、ゲマインシャフトとかゲゼルシャフトという言葉を知らなくても、無意識のうちにこの二つの組織類型を明確に区別しています、区別できるのです。ところが日本では、明確に区別されてきませんでした。日本の企業は生活共同体であると言われたことがあります。

この欧米と日本の相違はどこからくるのか。私は宗教が要因の一つではないかと考えています。ドイツ語のゲマインシャフトには、「神との交わり」、「霊的交渉」という意味もあるのです。つまり自分の信仰にかかわるものとそうでないものは明確に区別します。日本は無宗教の社会ですから信仰によって物事を区分することはありません。何でも同質的になりやすいのです。

欧米と日本の相違をことごとく宗教の観点から説明しようとするのが私の悪癖なのですが、

それはさておいて、私たちは無意識のうちにゲマインシャフトの考え方をゲゼルシャフトにも適用してきたのです。だから社内に友達をつくることに何の抵抗もなかった。それがなぜいけないのでしょうか。

スローンが言いたいことは、友達うんぬんよりも公平性にあるのです。リーダーに求められるのは公平性です。

企業において、企業だけでなく役所でも、あらゆる組織において、「公平性」という言葉がまっさきに思い出されるのは人事の処遇でしょう。私自身もそうでしたが、ほとんどのサラリーマンは、今回の人事異動は不公平だと思ったことがあるのではないでしょうか。

ところが元最高検察庁の検事であった堀田力は、「しかし、人事異動は一般に言われているほど不公平とは思われない。その証拠に、自分の人事異動を不公平だと言う人は多くても、他人の人事異動を不公平だと言う人は多くない。」（『堀田力の「おごるな上司！」』）と言います。組織が大きければ大きいほど人事異動はきめ細かで綿密な人事考課に基づいて行われますから、堀田のいうようにかなりの公平性は保たれているのかもしれません。

しかし、人が人を評価するのですから完全に公平であるとはいえません。ある程度は人事権者の主観が残ることは避けられないでしょう。問題なのは、ある人が他の人よりそのポストにふさわしいと判断された理由が、どうみても業務遂行能力などの客観的基準によるものではなさそうだと、周囲から思われるケースです。つまり、彼は人事権者の友達だからと思われてしまうケースです。もしそのようなケースがひんぱんに起こるのであれば組織を維持するのが困難な状況に陥る可能性もあるのです。

あの人は自分の友達ばかり優遇する、組織の上部にいる人はそう思われるのを避けなければなりません。しかし、友達を優遇したつもりではなくても、ふだんから社内で友人関係を見せられていたら、そう思われることを避けることは難しいのです。ですから社内に友達をつくってはいけないのだ、スローンの言っていることはそういうことだと思います。

スローンの言葉にだいぶ言及しました。これらスローンの言葉には、たとえば「誰か特定の人間を贔屓にするような態度はゆるされなかった。」という言葉には、ドラッカーも同意していることは言うまでもないことです。リーダーは高潔であることが求められると彼は考えていました。彼はその高潔さをスローンに見出していたのです。

ドラッカーほどリーダーの資質について言及した経営学者はいません。このセクションの冒頭の囲みには *The Daily Drucker* の1月1日で「リーダーシップにおける高潔」というタイトルがついていることは先に述べましたが、タイトルの下には「組織の精神はトップから創られる」というサブタイトルがあるのです。ドラッカーが「組織」というとき彼の念頭にあるのは企業かもしれませんが、このサブタイトルはもちろん国家、政府にもあてはまります。

企業、政府など、あらゆる組織の興亡はリーダーの資質にかかっているといっても過言ではないのです。

❏ コミュニケーション

学生のときに「経営組織論」という講義を聴き、「組織の三要素」というものを教わりました。大学の講義はもうほとんど忘れているのですが、なぜかこれだけは今でも覚えているのです。詳細は省略しますが、その三要素の一つにコミュニケーションがあります。コミュニケーションがなければ組織は存立しえないのです。ドラッカーも、当然ですが、コミュニケーションについて言及しています。ただ、彼のコミュニケーション論はかなりユニークなものです。

> われわれはこれまで数百年にわたって、コミュニケーションを上から下へ試みてきた。しかし上から下へでは、いかに懸命に行おうともコミュニケーションは成立しない。「何を言いたいか」に焦点を合わせているからである。コミュニケーションを成立させる者は発し手であると前提しているからである。
>
> 『マネジメント』

重要な指摘です。部下とうまくコミュニケーションがとれないとこぼしている上司はこの一節を熟読玩味する必要があります。

上司と部下の関係においてでだけでなく、コミュニケーションを成立させるものは受け手だとドラッカーは言います。「『何を言いたいか』に焦点を合わせ」ることは当然のような気がするのですが、それではコミュニケーションは成立しないというのですから驚きです。

彼は、「コミュニケーションを成立させるものは受け手である。」と断言し、「聞く者がいなければ、コミュニケーションは成立しない。意味のない音波でしかない。」と言います。そして、プラトンの『パイドン』によれば、ソクラテスは「大工と話すときは大工の言葉を使え」と説いた、と言ってこう続けます。

> コミュニケーションは受け手の言葉を使わなければ成立しない。受け手の経験に基づいた言葉を使わなければならない。言葉で説明しても通じない。経験にない言葉で話しかけても理解されない。知覚能力の範囲外にある。
>
> 『マネジメント』

たとえば、日本語をまったく理解できない外国人に日本語で話しかけてもコミュニケーションはとれません。そんなことは当たり前で、言うまでもないことですが、日本人同士の会話でも、日本語での会話なのに、相手の言っていることがよくわからないということを私たちはしばしば経験します。

おそらく最も多いケースは、内部用語や専門用語や業界用語でしょう。会社や役所など、どんな組織にもその組織内でしか通じない内部用語があります。ある組織に長くいると、その組織の内部用語になじんでしまって、一般的な用語との区別の意識がうすれ、その組織外の人との会話に、つい内部用語を使ってしまうことがあります。

私は以前、政府系の金融機関に勤務していましたが、顧客対応のマニュアルがあって、内部用語を顧客に使用してはいけないこと、内部用語の言いかえ例などが掲載されていました。ほとんどの企業、特にサービス業の企業では同様のマニュアルがあるはずです。顧客との意思疎通ができなければ商売にならないからです。

しかし役所では、どうもそういう意識が欠如しているようで、民間に対しても、堂々と役所用語をふりかざしてきます。

一つだけ例をあげましょう。私は金融機関を定年退職したあと宮城県に期限付き職員として採用され経済商工観光部で東日本大震災で被災した中小企業に復興のための補助金を交付する仕事に従事しました。県で仕事を始めるとすぐに庶務係の人から「債権者登録票」を提出するように言われました。「債権者登録票」とは何か。周りの人に訊いてようやくわかりました。給料の振込先を明示した文書のことなのです。私は宮城県に採用されたので宮城県に給料を請求する権利が生じています。つまり宮城県から見れば私は「債権者」というわけです。

これも県内部だけの話ならかまわないのですが、補助金を受給することになった中小企業に対しても「債権者登録票」を提出せよと言うのです。実務上は、「ここに補助金の振込先を記入してください」と説明するので混乱することはありませんが、そんないかめしい名称を使わずに最初から「補助金の振込先」とでもしておけば説明は不要でしょう。

宮城県だけこんな難しい用語を使っているのかと思って、震災復興業務の応援で他県から派遣されている人に訊いてみたのですが、他県でも「票」が「書」にかわるぐらいで、やはり同じ用語を使用しているようです。民間のくだけた言葉を使用するのは役所の沽券にかかわるとでも思っているのでしょうか、それよりも、そもそも役所には、議員とは懸命にコミュニケーションをとろうとしますが、議員以外の外部とはコミュニケーションをとろうとする意識がないのです。ですから「受け手の経験に基づいた言葉」を使おうとする気持ちはさらさらないのです。

同じ組織の内部でもコミュニケーションに苦労することがあります。私は政府系の金融機関に勤務していましたが、当時は大蔵省（現財務省）が監督官庁で、トップである総裁は大蔵次官を務めた人のポストでした。そのほかにも数は少ないのですが大蔵省から来た人たちがいました。彼らとはどうしてもうまく意思疎通ができないのです。それは彼らが国語辞典には載っていない役所用語を連発するからなのですが、難解な役所用語の意味がわかるようになってもうまくいかないのです。議論がかみ合わないところがあるのです。

その理由は、定年退職してからドラッカーを読んで、わかりました。彼はこう言っています。

コミュニケーションが成立するには、経験の共有が不可欠だということである。コミュニケーションは、私からあなたへ伝達するものではない。それは、われわれのなかの一人から、われわれのなかのもう一人へ伝達するものである。

『マネジメント』

そうだったのか。そういえば、同じ組織にいながら、プロパーの人間と元大蔵省役人には「経験の共有」が欠けていたのです。私たちは「顧客第一主義」を掲げるビジネスの世界で育ってきたのですが、彼らは、とにかく国から与えられた予算を使い切ることが大事で、その後の事はどうでもいい、インプットには関心があるがアウトプットには関心がないという役所の論理で、ビジネスとは無縁の論理で動いてきたのです。お互いにお互いのことを理解せず、あいつら、わかっていないんだよなあ、とお互いにこぼしていたのです。

ビジネス用語を役所用語に翻訳できても、あるいはその逆でも、経験がなければ用語の意味は理解できない、つまりコミュニケーションは成立しないのですね。

それは、なるほど、と膝を打ったのですが、後段の「コミュニケーションは、私からあなたへ伝達するものではない。」には首をかしげてしまいました。コミュニケーションは私からあなたではないって？「われわれのなかの一人から、われわれのなかのもう一人」だって？これは難しい、どういうことだろう。

しばらく考えてみて、英語のweはIの複数形だという中学生でも知っているかんたんなことに気がつきました、そしてIはweに含まれるが、Iとyouはまったく別であるということ。図示してみましょう。

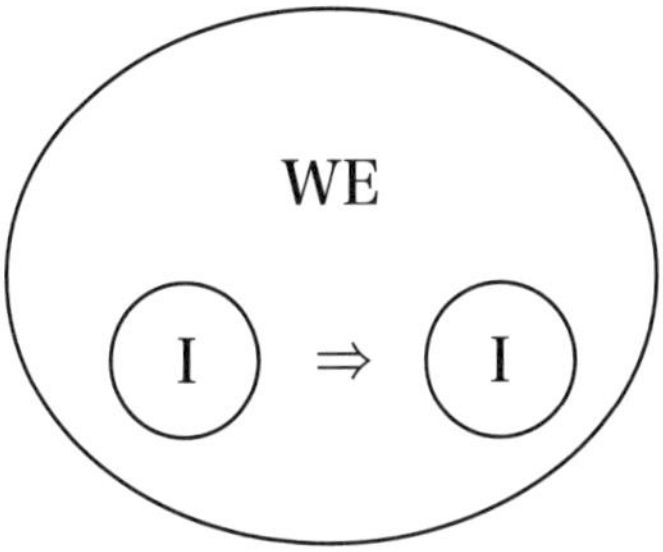

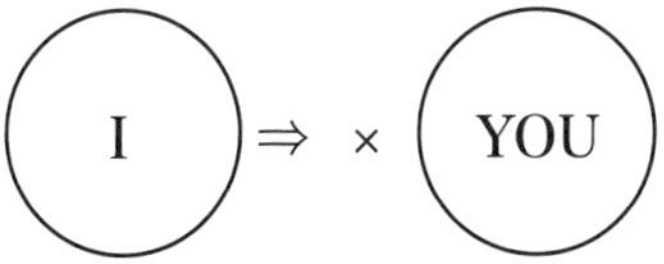

この図はコミュニケーションが成立するのは円の内部でだけだということを示しています。「われわれ」を示す大きな円の中では経験が共有されています。「私」と「あなた」では経験が共有されていないことがあります。経験が共有されていれば、たぶん、「あなた」は「われわれ」のなかに入ってしまうのです。つまり、英語のWeには、ドラッカーにしたがえば、「経験を共有する者たち」という意味があるのです。

「コミュニケーションが成立するには経験の共有が不可欠」であるというドラッカーの言葉を私たちはかみしめる必要があります。

私たちには、何の根拠もないのに、「話せばわかる」と考えてしまう傾向があります。「以心伝心」という言葉があるようにコミュニケーションを楽観的に考えているのです。少し話が飛躍しますが、よく言われる日本の「外交下手」の理由の一つに、コミュニケーションの楽観視があるように思われます。

たとえば、安倍元総理はロシアのプーチン大統領と27回会っていますが、何の成果もありませんでした。安倍元総理は会談が終わった後の会見で「私とウラジミールは」と語ったことがありますが、恥ずかしさを伴う違和感があったことを記憶しています。お互いのファーストネームで呼び合うほど親密であるとアピールしたかったのでしょうが、プーチンには鼻であしらわれていたことは、その後の日露関係を見ればあきらかです。まったく親密ではなかったのです。

首脳外交や首脳会談はもちろん大事です。しかし外交の力は、その国の軍事力、経済力、ひいては文化など総合的なものであって、トップどうしの話し合いでかんたんに決着するものではありません。ところが、トップどうしが話し合えばなんとかなるだろうと思いがちです。

ところが、たとえば日本とロシアや北朝鮮などとのトップどうしの話し合いはそうかんたんではありません。意思疎通は難しいのです。ドラッカーの言う「経験の共有」に乏しいからです。ロシアは北朝鮮とは異なり、大統領は選挙で選ばれることになってはいますが、実際は政敵は抹殺されてしまうので、専制国家と言ってさしつかえありません。つまり、それぞれの政治手法は、民主政治と専制政治という異なった土壌で育まれたものであって、同じ経験には乏しいのです。アメリカやイギリスなどとのトップどうしの意思疎通もそうたやすいことではありません。ましてや、ロシアや北朝鮮、そして中国などのトップとの意思疎通はきわめて難しいということを認識すべきです。

首脳会談を否定はしませんが、まずは草の根レベルでの文化交流などで「経験の共有」を図っていくべきでしょう。

(4) 教養としてのマネジメント

❏リベラルアート

リーダーシップやコミュニケーションについて論じていることからわかるようにドラッカーのマネジメント論は人間に焦点をあてています。彼は著作のいたるところで、「マネジメントは人間に関するものである」と言っています。

たとえば『新しい現実』では、「マネジメントとは、実践と実用である。その成否は、結果によって判定される。すなわちそれは技術である。」と書いてこう続けます。

> しかし同時にマネジメントは、人間にかかわるものであり、人間の価値観や成長や、発展にかかわるものである。すなわちそれは、人文科学である。
>
> 『新しい現実』

ドラッカーは、マネジメントは技術であると同時に人文科学であると言っています。技術であるなら、それはどちらかといえば自然科学に近いものと考えがちですが、彼は人間にかかわるものだから人文科学だと言うのです。

宮本又郎は前出『日本の近代11 企業家たちの挑戦』で、経済学では、自然資源、労働、資本の三つが本源的生産要素と呼ばれているが、この三つの生産要素が存在しただけで物が生みだされるわけではない、経済活動を行うためには、三つの生産要素を結合させる人間の役割が不可欠だと書いて、こう続けます。「しかし、その後の経済学の流れの中で、企業家の役割はしだいに軽視されていった。それは**企業者活動というものが人間の行動にかかわるものであり、質的なもので量的に定式化しにくいという性格をもっていた**ためである。」(太字処理は庄司による)

宮本の指摘を待つまでもなく、人間の行動にかかわるものは数式では表現が困難です。ですから人間にかかわることは自然科学ではなく人文科学なのです。数字で表現できるのが自然科学で、表現できないのが人文科学だというのは、いささか乱暴にすぎるので再度ドラッカーに説明してもらいましょう。

マネジメントとは、人間の精神すなわち良かれ悪しかれ人間の本質に深くかかわるものである。

したがってマネジメントは、まさに伝統的な意味におけるリベラルアート、一般教養である。

『新しい現実』

先の宮本の記述に戻れば、現代経済学は自然科学を装っているので量的に定式化しにくいものは回避しようとします。その結果、人間にかかわるものは研究対象から除外されてしまうのです。経済学が研究対象とする経済事象は自然現象ではありません。人間の活動によってもたらされるものです。にもかかわらず経済学は人間を排除しようとする。それがドラッカーが経済学を認めなかった理由の一つだと思います。

にもかかわらず、経済学だけでなく多くの分野において技術偏重というか、物事をテクニカルに考える、処理しようとする傾向は強くなっています。人文科学は重要視されない傾向が強まるのです。マネジメントの考え方はそのような風潮に対抗できるものです。ドラッカーの言うように、マネジメントは技術であると同時に人文科学であるからです。ですからマネジメントは、現代社会において、その地位を確立していくのです。

このマネジメントの体系と実践を通じて、ふたたび人文科学が、注目され、認められ、影響をもち、意味のある存在となっていかなければならない。

かつて故安倍首相は、大学には人文科学の学部は要らない、という趣旨の発言をしたことがあります。とんでもないことです。彼にはドラッカーを読んでほしかったと思います。

❑リベラルアートとユダヤ・キリスト教

ドラッカーが、マネジメントはリベラルアートだというとき、そこには、私たちには理解が難しいのですが、ユダヤ・キリスト教の考え方があるらしいのです。

かつてドラッカーの同僚であったジョゼフ・マチャレロは『ドラッカー　教養としてのマネジメント』（マグロウヒル・エデュケーション、2013年）（以下『教養マネ』と略します）で、

リベラル・アーツは歴史的に、人間のあり方に関する問題を扱ってきた（リベラル・アーツの対象となる学問の多くを「ヒューマニティ〈人文科学〉」と呼ぶ）。マネジメントもまた、人間の感情・倫理・道徳という厄介な問題を扱っている。ドラッカーは人間の尊厳というテーマに焦点をあて、この現実に取組んできた。そうすることで人間の権利の本質という前述の議論を展開し、彼自身のユダヤ・キリスト教的思想を自己の考えに取り入

れた。

と書いています。人間の尊厳に関するドラッカーの見解は、単純作業の労働者に関する議論によく表れているとマチャレロは言います。どんな立場の労働者もその組織の経営者と同等に尊敬に値するものだというのがドラッカーの考えだと言います。そして、

ドラッカーによる人間の尊厳の定義は、ユダヤ・キリスト教的思想を反映しており、すべての労働者は地位や学歴や才能に関係なく尊重されるべきものである。

と書きます。そしてマチャレロは、すべての労働者が適切に処遇されるためにドラッカーは四つの「マネジメント慣習」を考え出した、と言います。それは、

1　真摯さと価値観を定義してそれを受け入れること
2　人材を育成すること
3　強みと機会に焦点を当てること
4　業績と成果を重視すること

です。実際にドラッカーが提唱したのは、もう一つ「自己管理」があって五つなのですが、ここではマチャレロは四つの慣習について論じています。それは、『教養マネ』でアメリカの企業であるサービスマスター社について言及されているからです。

私はサービスマスター社という会社を『教養マネ』を読んで初めて知ったのですが、この会社は家庭や商業施設の清掃をする会社でした。1983年から2002年までCEO、会長を務めたウィリアム・ポラードによって、サービスマスター社は設備メンテナンス、医療、教育法人関連の顧客管理などへ事業拡大し大きく発展します。この会社の従業員マネジメントが注目を浴びることになったのです。

サービスマスター社の従業員のほとんどは、病室や空港待合室の清掃などのサービスに従事する単純労働者でした。どうしたら彼らが仕事に取り組む意欲を持つことができるのか。マチャレロは、ポラードが提唱した「四つの目標」に注目します。それは、

1　われわれのすべての行動において、神を称えること
2　人々の成長を支援すること
3　卓越さを追求すること
4　収益を上げること

なのですが、1はすごいですね。日本の上場企業では考えられない目標です。さすが宗教国家アメリカ。ところで、このサービスマスター社の四つの目標は、マチャレロによれば、先に掲げたドラッカーの四つの慣習と一致するというのです。2、3、4はたしかに一致すると言えるでしょう。でも1はどうでしょうか。

マチャレロはこう解説します。

サービスマスター社の一番目の目標である、「われわれのすべての行動において、神を称えること」は、ドラッカーの一番目の慣習「真摯さと価値観」と方向が一致している。この目標によって明確になったのは、組織のどのレベルにおいても行動が重視されるというのが、サービスマスター社で合意された価値観だということである。それは、ユダヤ・キリスト教的な人間の尊厳という考えを重視することでもある。その考えとは前述のとおり、だれもが創造主に与えられた自然権を所有しているということだ。

私には「神を称えること」と「真摯さと価値観」の方向が一致しているということがよくわかりません。もう少し読み進めてみましょう。マチャレロはこう書いています。

サービスマスター社の目標1の狙いは、信念を通じて社内の人間を団結させることである。サービスマスター社では最終的に、「すべての人間、すべての労働者の尊厳と価値」を尊重することにより。この信念に命を吹き込んだ。

つまり、（ユダヤ・キリスト教の）神を称えることによって人間の尊厳と価値を尊重するという信念が生まれ、それが社内の人間を団結させる、ということでしょうか。要するに「人間の尊厳」という概念はユダヤ・キリスト教のものだということなのです。

マチャレロは『教養マネ』で、ドラッカーのマネジメント論の根底にあるものはユダヤ・キリスト教だということを強調しています。私たちはドラッカーの著作に接するとき、彼の宗教信念について思いをめぐらすことはほとんどありません。彼の後半生の著作では宗教について言及されることがきわめて少ないからです。しかし初期の著作や論文ではユダヤ・キリスト教にかなり言及しているのです。

1953年に発表された「アメリカの特性は政治にあり」で、ドラッカーは、「事物をもって精神に奉仕させるためのものとして政治を信奉するアメリカの哲学の根底には宗教的な基盤がある。」と書きます。そして、それをキリスト教的と呼ぶことはまちがいではないが、ユダヤ教の貢献があると彼は言います。

なぜならば、創造主が自らの創造物を見て「それを良しとされた」のは、旧約聖書においてだからである。創造物は、それを創った聖霊なくしては無である。そして、創造物において創造主を現わしめること、すなわち事物をして精神を実現させることこそが人間に特有の責務であり、使命であり、目的である。

「アメリカの特性は政治にあり」

ドラッカーがこう語るのを意外に思った方もいるでしょう。そして、これは１９５３年に書かれたものだからと思う人もいるでしょう。しかし、後半生において彼が宗教から離れたわけではなく、マチャレロの言うように、ドラッカーのマネジメント論の根底にはユダヤ・キリスト教があるのです。

たとえば、彼が繰り返してやまない人材育成についても、神に創造された人間を育成することは「創造物において創造主を現わしめること」だと考えることができるのです。私たちのほとんどは、ふだんは宗教を意識することがないので、気づきにくいのですが、ドラッカーのマネジメント論にかぎらず、欧米由来の思想には、多かれ少なかれ、その根底にユダヤ・キリスト教があるということは知っておいたほうがいいと思います。

3　ドラッカーの国家論、政府論

これまでドラッカーのマネジメント論を見てきましたが、今度は、ドラッカーの国家、政府論を見ていきたいと思います。マネジメント論から離れると思われるかもしれませんが、マネジメントの理論は、企業だけでなくあらゆる組織に適用されるものであり、マネジメント論の延長と言ってさしつかえありません。

(1)　軍事国家の失敗

❑軍事費の意義

普遍的な現象には、普遍的な原因がある。そしてこの場合、唯一の普遍的な原因は、軍備がその軍事的能力を失ったということである。

軍備は、個々の戦闘を勝利にもっていくことはできても、戦争そのものの行方を決することはできない。しかも、核兵器、化学兵器、細菌兵器の時代では、自国を守ることもできない。

『新しい現実』

これは１９８９年に出版された『新しい現実』からの引用ですが、ドラッカーはここで、１９６０年代のアメリカのベトナムでの敗北、１９８０年代のソ連のアフガニスタン侵攻の失敗についてふれています。これらの失敗の原因については、マスコミが軍の士気をくじいたとか、戦術の誤りなどが指摘されているが、そうではないとドラッカーは言うのです。「軍備は、個々の戦闘を勝利にもっていくことはできても、戦争そのものを行方を決することはできない。」というのはまさにそのとおりです。

ロシアとウクライナの紛争を見ればあきらかです。現在（２０２４年）はウクライナの「反転攻勢」がうまくいかず戦況は膠着状態になっています。最終的にどのような形で決着するのかわかりませんが、どちらかが徹底的にたたきのめされるということはないでしょう。おそらくある時点で停戦交渉が行われることになると思います。

欧米がウクライナに無制限の武器供与をしてロシアを窮地に追い込めばロシアは核兵器を使うかもしれません。それは避けたいでしょうから、たぶんウクライナにクリミアを放棄させて停戦協定を締結させるというのが欧米の考えている落としどころだと思います。

つまり、軍備で戦争そのもの行方を決することはできない、とドラッカーが三十数年前に語ったことは当たっていると思われます。彼の慧眼には感服せざるをえません。

ドラッカーの言いたいことは、軍事費に膨大な予算をつぎ込むことはばかげているということなのです。彼は「古来より、経済と社会にとって、軍備と軍事力は、負担以外の何ものでもなかった。科学や技術の進歩にも寄与することはほとんどなかった。」としてから、「しかし17世紀に至って状況は一変した。その後第二次世界大戦の終わりに至る二五〇年間、軍事経済と民間経済は、お互いに助け合いながら、併行して発展していった。」と言います。

17世紀の末に、オランダが大量の火器を搭載できる軍艦をつくった。この設計図が世界初の効率的な貨物船に利用された。これが民間経済が経験した最大の技術革新の一つだった。その後二五〇年間にわたって、軍事技術の発展が、直ちに民間経済の原動力となり、民間経済における技術革新（蒸気機関、電話、無線通信、自動車、飛行機など）が、直ちに、軍事に転用されるようになった、とドラッカーは書いています。

そして戦争が「商業化を数十年も早めるような技術進歩をいくつももたらした。」と続け、その例として、第一次世界大戦によるラジオの開発の促進、第二次世界大戦によるコンピューターの開発の促進をあげています。

しかし、それは昔の話だとドラッカーは言います。

しかし今や、こうしたことは過去のこととなった。事実、軍事支出も軍事技術も、民間経済を枯渇させる以外の何ものでもないことがあきらかとなっている。

誰もが認めているように、日本経済の強さの源泉の一つは、軍事にさほどの予算を使わず、軍事的な研究開発にはさらに予算を使っていないという事実にある。

そして、ソ連の経済悪化の原因は、国民総生産の多くの割合を軍事に割いているからだとし、イランのシャーの没落の主たる原因も、「海外からの資金を中近東最大の軍事力構築のために使ってしまったことにある（しかもその軍事力たるや、後のイラン・イラク戦争で明らかになったように、軍事的にもさして価値のあるものではなかった）。」と言っています。

重要な指摘です。「はじめに」にでもふれましたが、外部要因のみによって崩壊する組織はありません。必ず内部要因があるのです。イランのシャーの没落について言えば、効果をあげられなかった軍事に資金を浪費してしまったというマネジメントの失敗が原因であり、外国の侵略によるものではないのです。

ソ連崩壊の原因についてはすでにふれましたが、後継であるロシアもまた、マネジメントの失敗によって苦境に陥っています。ソ連時代のアフガニスタン侵攻の失敗から何も学んでいない。軍事力で他国を服従させることができるという古代の信仰をまだ捨てきれずにいるのです。ウクライナ侵攻がどのように決着するかわかりませんが、どんな形になるにせよ、ロシアの経済的損失は膨大なものになるでしょう。「軍事支出も軍事技術も、民間経済を枯渇させる以外の何ものでもない」のです。

２０２３年のイスラエルのガザ地区攻撃にもこれはあてはまります。ハマスとイスラエルの軍事力には圧倒的な差があるので、イスラエルの大勝利に終わると思われるかもしれませんが、できる限り短期で決着しなければイスラエルの経済に打撃をあたえることはあきらかです。それどころか長期化すれば戦闘を継続できない可能性もあります。ウクライナとは異なり、イスラエルには欧米からの兵器供与はないのです。

戦争は金がかかるのです。古代とは異なり、現代においては軍事的勝利が大きな経済的利益をもたらすことはほとんど期待できません。

このことを第45代アメリカ大統領のドナルド・トランプはよく理解していました。彼は「自国のことは自国で守れ」と言って、アメリカが「世界の警察」であることを放棄しました。トランプはアフガニスタンから駐留米軍を撤退させる決定をしたときに、「これ以上アメリカの若者の血が流れるのを見るのはしのびない」と語りました。この発言だけをみれば彼は戦争を好まない平和主義者のように思われます。それを否定するつもりはありませんが、彼の本心は損することはやらない、ということだったと思います。

トランプは本質的にはビジネスマンですから、良く言えば、投資対効果を常に考えるのです。悪く言えば、もうからないことはやらないのです。ドラッカーはトランプが大統領になる前に世を去りましたが、無駄な軍事支出をしないということについてはトランプを評価したかもしれません。

というのはドラッカーは『傍観者の時代』でこう語っているからです。

サミュエル・ジョンソン博士はかつて「金儲けに従事している時くらい、人が無心になることはない」と言った。この言葉は、現代人には奇異に響く。が、何と言っても「御大」サミュエル・ジョンソン博士の、人間行動についての言である――ゆめゆめ、軽んじてはなるまい。何しろ博士は右に出る者がいないくらいすぐれた判断力の持ち主だったのである――しかも、旧式の宗教道徳家として、金儲けを胡散臭いものとみなしてもおかしくはないのに、金儲けを是認しているのである。

ドラッカーは出典をあきらかにしていませんが、おそらくジェームズ・ボズウェルの『サミュエル・ジョンソン伝』からだと思います。中野好之訳でみすず書房から出ている『サミュエル・ジョンソン伝　2』の107ページには次のような記述があります。

ストラーン氏はジョンソンが以前彼に「**金稼ぎ以上に人間が無害に励むことのできる仕事はない**」という科白を洩らしたことを思い出させた。「考えれば考えるほど、（とストラーンは言った）これは真理に思われます。」（太字処理は庄司による）

ドラッカーはたぶんこの箇所のことを言っているのだと思います。中野訳のほうがジョンソンの真意が伝わりやすいと思いますが、ジョンソンは、金儲けに夢中の人間は、政治権力を求めない、他人を支配することはない、つまり「無害」だと言っているのです。

ジョンソンと同時代人であるアダム・スミスに近い考え方だと思われるかもしれません。しかし、ジョンソンはスミスを認めてはいませんでした。ボズウェルはグラスゴー大学でスミスの講義を聴いて感銘し、ジョンソンにスミスの学説を説明するのですが、ジョンソンは、「彼はまちがっている。商業が富を増加させることはない」と断言し、スミスと面会したときはまったく話が合わなかったというのです。

つまり、ジョンソンはスミスの影響を受けているわけではないのです。ジョンソンは文学者であり、経済学者と話が合わないのは当然といえば当然なのですが、そういうジョンソンでさえ「金儲け」を、賛美するとまではいかなくても、軽蔑したり敵視することはないのです。イギリスの伝統的な考え方です。

ルドルフ・ヒルファディングが『金融資本論』で「イギリスの自由主義が主として経済学の上に築かれたのに対して大陸の自由主義の基礎は合理主義哲学だった」と書いたとおり、イギリスでは、自由主義といえば、まず経済的自由が問題になるのでした。

ドラッカーはイギリス人ではありませんが、このようなイギリス人気質に一定の理解を示していたと思います。彼はナチの台頭で祖国を離れアメリカに亡命せざるをえませんでした。たとえ強欲資本主義でもファシズムよりはましだと思っていたのではないでしょうか。

軍事支出に意義を認めないという考え方に至った理由の一つに、ドラッカーが祖国にいられなくなったつらい体験があったということをあげてもいいと思います。そしてもう一つは、民間経済を枯渇させるだけでなく人材も浪費しているからだというのです。トランプが軍事支出を渋ったのは、平和主義の立場からというよりは、おそらく財政的な理由からだったと思いますが、ドラッカーは別の見方をします。

❏人材の浪費

問題は、資金ではない。人材である。日本では、科学者や技術者のほとんどは、軍事のために働いてはいない。民間経済のために働いている。しかるにアメリカでは、技術者のおそらく三分の一が、軍事のために雇用されている。

日本の技術者が乗用車のドアの立てつけを設計しているとき、同じ技術水準のアメリカの仲間は、戦車やスターウォーズのために働いている。

『新しい現実』

『新しい現実』が書かれたのは1980年代ですから、日本の自動車産業がアメリカ市場を席捲していた時期です。自動車大国アメリカがなぜ日本に敗れたのか。アメリカの機械工学の水準が日本より劣っているとは思われない、優秀な人材が自動車産業ではなく軍事関連に持っていかれたからだ、ドラッカーはそう言いたかったのかもしれません。

たしかにアメリカの自動車産業の凋落は目を覆いたくなるものがありました。しかし、現在はＥＶ車で世界をリードしています。そして、人材が大きくものをいうＩＴ産業もまた世界の最先端を走っています。軍事産業のためにアメリカの人材が浪費されてしまうというのはドラッカーの杞憂にすぎなかったと言えるかもしれません。

しかし、軍事費について議論するときに人材についてふれたのはドラッカーの慧眼と言わざるをえません。

戦時にあっては、ほとんどの人材が戦争に貢献するのはやむをえないことです。たとえば、ノーベル経済学賞を受賞したケネス・アローやミルトン・フリードマンは第二次世界大戦時に軍でオペレーション・リサーチの研究に従事しています。戦争が終結し、彼らは軍を離れ、本格的に経済学の研究に打ち込み経済学の発展に貢献することになるのですが、彼らがもしずっと軍にとどまっていたらノーベル経済学賞を受賞することはなかったでしょう。

アメリカでは、大戦が終わっても軍事関連産業に従事している研究者、エンジニアが多くいます。その中には、第二の、ビル・ゲイツやスティーブ・ジョブズがいたかもしれません。

ドラッカーは、『新しい現実』で「ソ連では、有能な科学者や技術者が、民間経済部門で働くことを許されることはほとんどない。半ば強制的に軍事部門に配置され、そのままそこに据えおかれている。」と書きましたが、現在のロシアでも事情は大きく変わってはいないと思われます。北朝鮮はもっと深刻でしょう。北朝鮮にも優秀な研究者やエンジニアがいると思われますが、彼らは国民生活の向上に何ら資することのない核開発やミサイルなどの開発に従事しているのです。

ドラッカーの『マネジメント』には「人こそ最大の資産」というタイトルのセクションがあります。これはドラッカーが言ったことではなく、彼の言いたかったことは、「あらゆる資源のうち人がもっとも活用されていない」ということでした。戦争をしなくても多額の予算を軍事につぎ込む軍事国家は、差し迫った必要のない、国民生活を向上させるわけでもないものに人材を投入している、つまり資源、資産を浪費しているのです。その資源、資産のうち最も重要な人材を浪費するような国家には将来はない、ドラッカーの言っていることはそういうことだと思います。

⑵ 租税国家、ばらまき国家の失敗

❏ 税の所得分配機能

第一次世界大戦と第二次世界大戦によって、戦争に参加した国は軍事国家にならざるをえませんでしたが、大戦が終了しても、軍事国家が退場することはありませんでした。ドラッカーの言う「冷戦国家」と名前をかえて軍備拡張競争をし続けたのです。「冷戦国家」の代表格であったソ連は軍事力維持のために多大な経済的、社会的負担を強いられることになりました。そのことがソ連崩壊の原因の一つであったと言えるでしょう。

ソ連が崩壊し、冷戦がいちおうの終結をみても、巨大国家は、今度は、ドラッカーの言う「ばらまき国家」として、依然として「租税国家」であり続けたのです。

「租税国家」とは何か。国家というものは、「歳入に限界があることが知られているかぎりにおいては、民主主義国家であろうが、帝政ロシアのような絶対君主国家であろうが、政府は、極度の制約のもとに活動する」（『ポスト資本主義社会』）はずでした。ところが、20世紀の二つの世界大戦が国民国家を「租税国家」に変えてしまった、とドラッカーは言います。つまり、戦争遂行のために国民から多額の税を徴収し多額の借入れを行い、歳入は無限となり、その結果歳出も無限となってしまう国家を「租税国家」とドラッカーは言ったのです。

一九一八年、ヨゼフ・シュンペーターは、租税国家は、結局は政府の統治能力を損なうことになると警告した。

その一五年後、ケインズが租税国家を偉大なる解放者として位置づけた。歳出に制限がなくなったからには、租税国家の政府は、今や効果的に統治することができるとした。

しかしわれわれは、正しいのはシュンペーターだったことを知っている。
『ポスト資本主義社会』

ドラッカーは、「租税国家」を批判的に見ていましたが、それは同時にケインズ経済学をも批判的に見ていたのです。シュンペーターを評価しているのは、同じオーストリア出身だからえこひいきしているわけではなく、少しはあるかもしれませんが（ドラッカーは、子供のころ、自宅でシュンペーターが彼の父とよく議論していたのを聞いています）、先にもふれたようにドラッカーには主流派経済学に対して冷淡であったからと私は考えています。この問題に関しては、やはりケインズとは無縁の主流派ではないイタリア人経済学者パレートの説を紹介しています。それは、

社会階層間の所得分配は、二つの要因、しかもその二つの要因のみによって決定される。すなわち、その社会の文化と、その経済の生産性である。

というものです。ドラッカーは、こう解説します。

経済の生産性が高ければ、所得の平等性は高まり、生産性が低ければ、不平等性が高ま

る。パレートの法則によれば、税制がこれを変えることはない。

ところが租税国家の支持者は、税制は所得分配を効率的かつ恒久的に変えることができると主張した。


ドラッカーは、この後で、パレートの説が正しいことをソ連やアメリカや日本の例を出して説明しているのですが、それは、所得の平等、不平等は「経済の生産性」によるものだということを強調しているのです。パレートがもう一つの要因とした「その社会の文化」にはふれていません。

所得分配はその社会の文化によって決定される、という発言はおよそ経済学者らしくありません。しかし、先進諸国では最も平等である日本には、これはまちがいなく当てはまります。日本にはははなはだしい所得格差は好ましくないという文化があるのです（小泉首相が「構造改革」と称して所得格差を是認して以来、その文化も多少危うくなってきましたが）。おそらく日本のことはパレートの念頭にはなかったと思います。しかし戦後の日本社会は彼の説が正しかったことを証明しました。

ドラッカーには日本の文化についてふれてほしかったと思うのですが、それはさておいて、彼は税の所得分配機能を信用していないように見えます。

私は税の所得分配機能を信じています。それだけでなく財政学でいう資源配分機能、経済安定機能を信じています。そうでなければとても税金を支払う気にはなりません。ということは、「信じる」というよりは「信じたい」と言ったほうがいいのかもしれません。

私のことはともかく、ドラッカーは税の三機能を否定していたわけではなく、アメリカやソ連ではうまく機能しなかったということ、租税国家はうまく機能しなかったということを言っているのです。彼は経済学者ではありません。税の機能に関する理論を論じることはありません。観察者です。観察した結果を述べているのです。

❏ばらまき国家と政治不信

ドラッカーは、悪いことに、租税国家は「ばらまき国家」になってしまったと嘆きます。アメリカや日本やドイツの例をあげていますが、日本の例については、ここであらためて言うまでもないでしょう。まったくひどいものです。税の所得分配機能を信用すると言うのが恥ずかしくなります。

ドラッカーはもっと重要なことを指摘します。

> ばらまき国家は、自由社会の基盤を侵食する。
> 公選された国民の代表たるべき者が、票を買うために特定の利益集団を豊かにし、国民を丸裸にする。これは市民性の概念の否定である。事実、そのように理解されて

いる。

　ばらまき国家が、代表制による政府という民主主義の基礎そのものを侵食しつつあることは、投票率の着実な低下が示している。

『ポスト資本主義社会』


　ドラッカーは、アメリカのごく少数のタバコ農家、ピーナッツ農家、砂糖きび農家などへの補助金を例にあげ、「アメリカでは、歳出総額のうち、どの程度が、公共政策上意味がなく、しかも多くの場合、公共政策上逆効果であるにもかかわらず、特定の選挙民の票を買うために使われているかについては、誰も知らない。」と言います。

　しかし、日本では、公共政策と称して、実際は選挙目当ての補助金などの支出、ばらまきが行われていることを誰でも知っています。

　たとえば、最近はそうでもなくなりましたが、農家に対して、特に米作農家に対して、「食の安全保障」の名のもとに手厚い補助金が支出されていました。しかしそれは見え見えの選挙対策であったことは誰でも知っています。

　私は以前、5年だけ地方公務員をしていたことがあります。補助金の交付事務に従事していたのです。それで補助金全般について研究し、その結果を『補助金の倫理と論理』（幻冬舎ルネッサンス新書、2020年）という本にして出版しました。その中で、すべての補助金について「公共政策上意味があったのか」どうかを検証するシステムをつくるべきだと提言しました。もしそれが実現されれば、多くの補助金は、意味がないということになる可能性があります。つまり、ばらまきです。

ばらまきの本質は不公平、不平等です。すべての人にあまねく行き渡るばらまきなどありえません。補助金以外にもばらまきはたくさんありますが、補助金を例にとれば、ほとんどの補助金は何か事業をしている個人、法人が対象で、一般のサラリーマンも対象になる補助金はほとんどありません。

源泉徴収されているサラリーマンが補助金に縁がなく、何かと節税に走る事業者が補助金の恩恵を受けることに不満が表明されても不思議ではありません。都市部であればあるほど投票率が低下するのは当然です。政治には期待していない、期待できないというムードが蔓延してしまいます。

そのような傾向に拍車をかけるのが、特に日本において深刻なのですが、政治とカネの問題です。最近では２０２３年の暮れから２０２４年の初めにかけて、自民党のパーティ券収入のキックバックが問題になりいくつかの派閥が消滅するという事態にまでなったことは記憶に新しいところです。

政治とカネの問題については、ここでは深く立ち入りませんが、一点だけ、それは政治家だけに責任があるのではなく有権者、国民にも責任があるということを指摘しておきたいと思います。

私たちは、国会議員に限らず地方議員もそうですが、議員の役割を理解していないのです。彼らは私たちの意見を代表してそれを政治に反映させるという役割を担っているはずですが、有権者は、それよりも自分たちの利益、特に経済的利益をもたらしてくれることを彼らに期待しているのです。政治にばらまきを期待しているのです。したがって、政治家も、特に選挙のために、カネを集めカネをばらまくことになるのです。私たち自身がばらまき国家をつくりあげてきたのです。

私たちは、ドラッカーの「**ばらまき国家は、自由社会の基盤を侵食する**」という言葉を噛みしめてみる必要があるでしょう。

(注)『ポスト資本主義社会』で上田惇生らが、「租税国家」と訳した言葉は、原語ではfiscal stateとなっています。したがって、「租税国家」よりは「財政国家」と訳すべきだったと思います。しかし、財政の基礎は税金であるとすれば、「租税国家」は誤りとは言えないと考え、このまま引用しました。

なお、「ばらまき国家」と訳された言葉は、原語では、pork-barrel stateとなっています。「豚肉の樽の国家」ということになりますが、英和辞典には、米口語で、「選挙民の支持を得るための地方開発事業、その助成金」とか「党勢拡張などのため政府から地方公共事業に出す国庫交付金」と出ています。たんなる助成金や国庫交付金ではなく、「選挙民の支持を得るため」とか「党勢拡張のため」という説明があるので、これはまさしく「ばらまき」にほかなりません。
「ばらまき国家」は見事な翻訳だと思います。

❏「小さな政府」、「民営化」の誤解

ドラッカーが、「租税国家」「ばらまき国家」を批判していることはわかりました。では、彼はどのような国家を理想としていたのでしょうか。実はよくわかりません。国家はこうあるべきだということを明確には語っていないのです。ただし政府についてはかなり言及しています。

日本語の「国家」と「政府」には、さほど大きな差異はなく、両者は厳密に使い分けられているとは言えません。英語のstateとgovernmentも同じ意味で用いられることもありますが、日本語の「国家」と「政府」よりは、意味合いにかなりの隔たりがあります。

stateは第一義的には、状態、ありさま、です。governmentは、統治、統治機関を意味します。つまり、governmentは、行為、行動が問題になり、stateよりは動的なイメージです。こう意識して、ドラッカーが政府について語っていることを見てみましょう。

> 政府の仕事は、意思決定を行うこと、しかも意味ある正しい意思決定を行うことである。

これは言い換えれば、統治することだとドラッカーは言います。しかし、統治することと実行することは両立しないと彼は言います。統治と実行を両立させようとするならば、統治の能力が麻痺する、したがって、実施、活動、成果という実行にかかわる部分は、政府以外の組織が行うのが原則だと彼は言うのです。

なぜ、政府以外の組織が行わなければならないのでしょうか。

ドラッカーは、分離していた政治理論と社会理論が合体すれば、「政府は、社会の目的を決定するための機関となる。そして多様な組織の指揮者となる。」と言い、政府をオーケストラの指揮者にたとえています。

18世紀の音楽界ではオルガンの巨匠が花形であった、バッハらがオルガンという一つの楽器であらゆる音を出した、しかし、18世紀の終わりにオーケストラに取って代わられた、オーケストラでは一つの楽器が一つのパートだけを受け持った、指揮者が、多様な楽器の音を一つの音楽に仕上げた、とドラッカーは言います。

なぜ、200年前の音楽の歴史の話になるのか。ドラッカーは、音楽の歴史と社会の歴史を重ね合わせているのです。オルガンからオーケストラが主役になったように、現代の社会も組織社会となりさまざまな組織の有機体となっているのです。

そしてドラッカーはこう言います、「指揮者自身は、楽器を演奏しない。演奏の仕方については何も知らなくてよい。仕事は、一つひとつの楽器の特性を知り、それぞれから最適の演奏を引き出すことである。彼自身は指揮する。演奏するかわりに指揮する。」

なるほど、これでわかりました。政府は指揮者ですから自分で演奏しない、つまり実行にかかわる部分は政府以外の組織が行うというのが原則になるわけです。

さらにドラッカーはこう続けます。

この原則は、再民間化と呼ぶことができよう（訳者注：この再民間化のコンセプトは、本書発行の一年後、ドラッカーの提案であることを明記したうえで、民営化の名のもとにイギリスの保守党の政策に織り込まれ、サッチャー政権の基本政策の一つとなった）。これからは、家族では担いきれなくなったために、一九世紀に政府にまかせるようになった仕事の数々を、非政府の諸々の組織に委ねなければならない。

『断絶の時代』

一時、一世を風靡した「民営化」という言葉はドラッカーの造語でした。訳者の上田が言うように、ドラッカーの「民営化」はサッチャーのイギリスに採用され、レーガンのアメリカ、中曽根康弘、小泉純一郎の日本がこれに続きました。「小さな政府」が喧伝されることになったのです。

このセクションの最初に「ドラッカーはどのような国家を理想としていたのか」と書きました。この「小さな政府」がその答えであるかのように見えます。しかし、ドラッカーは、政治家や経済学者の言う「小さな政府」に賛同していたとは思えません。彼の「再民間化」が、サッチャーら「小さな政府」論者にうまく利用されてしまった、と私は考えています。

サッチャーが、「金持ちをいじめても貧乏人が金持ちになれるわけではない」と言い放ったように、彼らの「小さな政府」論の基本は大企業優遇、富裕層優遇、弱者切り捨てなのです。その主な政策は、企業減税、規制緩和、小さな政府などですが、それらは、サプライサイド・エコノミクスと呼ばれた市場主義の経済学者らによって提唱されたものです。彼らは、需要サイドよりも供給サイドを重視するので、そう呼ばれたのですが、供給サイドを重視するということは大企業優遇にほかなりません。

ドラッカーの「再民間化」は大企業優遇ではありません。政府の事業を資本家に譲渡しましょうというのではないのです。

> 手を広げすぎて疲れはて、弛緩して不能になった中年疲れの政府に元気を取り戻させるためには、社会のための仕事の実行の部分、すなわち政府現業部門を再民間化することである。

『断絶の時代』

このあとに、「このことは、必ずしも私有化を意味しない。」と続きます。彼の言う「民営化」は、所有権が政府にあるか資本家にあるかを問題にしないのです。アメリカやイギリスの協同組合は資本家のものではないが、政府の運営ではないので民営である、ドイツの大学は、国立であっても、アメリカの私立大学とほとんど同じような自律的存在である、とドラッカーは言います。

つまり、民営化イコール株式会社化ではないのです。ただし、「再民間化には企業がとくに適している。」と言っており、民営化における企業の役割を重視しています。それは、「企業こそマネジメントが最も容易な組織」であるからです。

ドラッカーの民営化論は、マネジメント論の延長なのです。疲れ果てた政府に元気を取り戻させるためのマネジメント論なのです。彼は「再民間化とは、政府の力を弱めることではない」と明言しています。

ところが、小泉の民営化論はまったく逆です。彼は「民間でできることは民間にやらせる」と言って郵政民営化を強行しました。彼は官僚が嫌いでした。財務省の役人が財政投融資のために郵貯資金を思うままに使っていた（財政投融資の支出は国会の議決が不要でした）のが気に入らなかったのです。官僚の思うままにはさせない、「官僚憎し」、という感情で郵政民営化を推し進めたのです。その動機は、およそドラッカーの考えとはかけ離れたものでした。『断絶の時代』の訳者上田惇生は、前出の「訳者注」と同じことを、彼自身の著書『ドラッカー入門』でも書いています、「イギリスの保守党がドラッカー教授によるものと明記して政策綱領に入れ、政権を奪取した首相マーガレット・サッチャーが推進し、やがて世界中に広がることになった政府現業部門民営化の構想も、この本（『断絶の時代』のこと）で発表された。それは、現代社会最高の哲人としての名声を不動にしたコンセプトだった。」と。

上田の書いていることはまちがってはいません。事実です。しかし、これを強調しすぎると、ドラッカーは、露骨な富裕層優遇のサッチャリズム、大企業優遇のレーガノミクス、格差拡大を目指した小泉改革などの理論的支柱であったのだと誤解されるおそれがあります。

「小さな政府」を提唱したのはサプライサイド・エコノミクス学派ですが、ドラッカーは、これまで述べてきたように経済学には批判的でした。彼の国家論、政府論はマネジメント論を基礎とする組織論であって、強欲資本主義を擁護する現代経済学とは無縁のものです。このことだけは強調しておきたいと思います。

4 『「経済人」の終わり』が教えていること

「ドラッカーに教わったこと」は終わりに近づいてきました。私たちは彼に多くの事を教わりましたが、そのうちこれは銘記すべきことと私が考えていることを書いて「I　ドラッカーに教わったこと」を終わりにしたいと思います。

私は頭が悪いうえに、集中力に乏しく、一つのことを深く掘り下げて考えるということが苦手なのですが、それでも、このところはずっと「経済成長」について考え続けていました。

「失われた10年」と言われたことがあります。他の国は着実に経済成長を遂げていたのに日本だけが取り残された、その結果、経済問題だけでなく、さまざまな社会問題が噴出してきた、つまり、好景気のときには見えていなかった問題が見えてきたのです。

景気がよくなればほとんどの問題は解消される、これはたぶん当たっています。しかし、いつまでも好景気が続くわけはない、発展途上国ならともかく、日本のような成熟したところでは何十年も経済成長が続くことはありえないのです。短期的には経済成長率が上昇することはありますが、長期的には経済成長率は鈍化するか、マイナス成長ということもありうるのです。その原因の一つは人口の減少です。人口の増加率と経済成長率は比例するといっていいでしょう。

ですから日本だけでなくどの国も、合計特殊出生率を少しでも上げようとさまざまな政策を打ち出します。フランスでは一時的に成功したようですが、持続しているわけではありません。日本では状況はより悲観的です。合計特殊出生率は女性からの社会に対するメッセージであるからです。日本社会の女性の地位は欧米に比べて低く、日本の女性は何の不安もなく子供を産み育てる環境ではないと感じているのです。

日本の人口が増加に転じる可能性は極めて低いと思われます。人口増加がすべてではありませんが、日本の経済成長はかなり厳しいと言っていいでしょう。

しかし、飛ぶ鳥を落とす勢いであった中国経済も最近はかげりが見えています。日本だけでなくどの国においても絶え間ない経済成長は期待できないのです。だとすれば、私たちの社会は停滞そして衰退してしまうのでしょうか。経済成長の鈍化イコール社会の停滞なのでしょうか。

フランスの経済学者セルジュ・ラトゥーシュは、この問題をタイトルにした『経済成長なき社会発展は可能か？』（作品社、２０１０年）という本を書きました。この本の内容を詳述する余裕はありませんが、ラトゥーシュの強調したいことは「脱成長論」であると言うことはできると思います。訳者が「脱成長」と訳した言語は、フランス語ですが、decroissanceという言葉です。これを辞書で調べると、「減少、凋落、衰微、（日の）短くなること、（月の）欠けること」と出ています。つまり、ずいぶんと思いきった意訳なのですが、ベストな訳だと思います。成長を脱することは縮小均衡にほかならないのですから。

ラトゥーシュは、私たちが今までのような生活を送り続けるのならば地球が三つ必要だと言いました。経済成長を続けていけば資源が枯渇することは目に見えています。環境破壊が進みます。地球には負荷がかかるのです。それでも経済成長は必要だと主張する論者はもう少数派になっていると思われます。環境問題よりも経済が大事だとパリ協定からアメリカを離脱させたトランプぐらいでしょう、堂々と経済ファーストを主張するのは。

私自身はこれまでのような経済成長はもう望めないと思いつつも、年金問題などの問題は経済成長できなければ解決しえないのではないかとも思ってきました。そんなことをずっと考え続けていたのです。

しかし、ドラッカーを読み進めていくうちに、私が経済成長について考えてきたことは誤りではなかったのかと思うようになりました。これまでのような経済成長は可能か、不可能だとすれば、経済成長なしに社会発展は可能か、などなど、これらの問題提起そのものが誤っていたのではないか、いや、というよりは、経済成長をまず議論の出発点とすることが誤っていたのではないかと思うようになったのです。

それは本書でしばしば引用したドラッカーの『「経済人」の終わり』を読んだからです。この本は私のドラッカー観を完全に覆してしまいました。この本はドラッカーの処女作です。ドラッカーの研究者であれば、まず処女作から年代順に読んでいって彼の思索の変遷、展開をたどっていくのかもしれません。私はそうではありませんでした。いっとう最初に読んだのが何だったのか忘れてしまったのですが、とにかく彼の著作で最後に読んだのが『「経済人」の終わり』なのです。目から鱗が落ちる思いでした。

『断絶の時代』で彼は1940年代にマネジメントの研究に着手した理由を述べていることは

先に紹介しました。彼は「私は主として第二次世界大戦の経験から自由な社会の実現のためにはマネジメントが必要であると確信するようになった。」と書いています。

私は、マネジメントとは経営管理であり企業などの組織の業務を効率的に行うための手法であるととらえていたので、マネジメントが「自由な社会の実現のために」必要なのだということを理解していませんでした。『「経済人」の終わり』を読んでそのことをようやく理解できたのです。

ドラッカーの言う「経済人」とは、経済的満足だけが重要であり意味があるとする人間、つまり経済至上主義にほかなりません。ブルジョア資本主義は言うまでもなくマルクス社会主義も実は経済至上主義であった、双方が失敗し、つまり「経済人」という概念が破綻しファシズムが台頭したとドラッカーは書きました。

社会組織が機能不全に陥れば、自由な社会は実現しえない、だから社会組織は成果をあげなければならない、そのためにマネジメントが必要になる。ドラッカーはそう考えてマネジメントの研究をスタートさせたのです。

彼のマネジメント論は、経済発展、経済成長とは無縁です。それは、彼が「経済人」、経済至上主義という概念は破綻したという認識から出発しているからです。もう一つは、マネジメントをリベラルアート、人文科学ととらえているからです。一般的な人文科学であれば経済成長に関心がないのは当然です。しかし彼のマネジメント論は、経済成長に関心がないのではなく、経済成長、経済至上主義を捨て去ったところに構築されているのです。否定ではありません、最初から問題にしていないのです。

経済成長を否定する者も肯定する者も、経済成長を議論の出発点にしているのですから両者ともドラッカーの言う「経済人」にほかなりません。彼は「経済人」という概念は破綻したと85年前に主張したのですが、私たちの多くは、おそらくいまだに「経済人」的思考から抜け出すことができないでいるのです。

ドラッカーは自らを傍観者だと言いました。優れた社会の観察者でした。私たちの多くは「経済人」的思考というフィルターをとおして社会を見ていますが、そのフィルターがない彼の眼は私たちには見えていなかったものをしっかりと見ていたのです。

私たちはドラッカーから多くのことを教わりました。そのほとんどは、繰り返しになりますが、経済成長、経済至上主義を捨て去ったところに構築されているのです。このことを私たちは再認識すべきでしょう。

私は経済至上主義に与する者ではありませんが、「政治人」よりは「経済人」のほうがましだと考えています。先にサミュエル・ジョンソンが、金儲けに夢中の人間は無害だと言ったことを紹介しましたが、たしかに典型的な「政治人」である北朝鮮やロシアの指導者よりは「経済人」であるアメリカや日本の指導者のほうがましだと思うのです。

しかし、そうはいっても、キックバックとか裏金とか「政治とカネ」の問題をいっこうに解決できない典型的な「経済人」である日本の指導者たちには大きな失望を禁じ得ません。

日本の政治家は、いや、言いなおしましょう、私たちは、ドラッカーがマネジメントの研究を始めるにいたった理由をよく考えてみる必要があるのではないでしょうか。それではじめて彼のマネジメント論が理解できるのだと思います。

II　ドラッカーに教えたこと

第一部では、私たちがドラッカーに教わったことを、彼のマネジメント論を中心に考えてきました。ここからは私たちが彼に教えたことを考えてみたいと思います。

といっても、彼のマネジメント論の形成にあたり日本が貢献したことは、おそらく、ほとんどないでしょう。マチャレロは前出『教養マネ』で、ドラッカーが影響を受けた人物として、セーレン・キルケゴール、フリードリヒ・シュタール、エドマンド・バーク、アルフレッド・スローンらをあげていますが、日本人の名前は出てきません。そして、『教養マネ』では、ドラッカーの「倫理の観念は、ユダヤ・キリスト教信仰の系譜を丹念に継ぐものである。」と書かれています。ドラッカーの思想的背景はユダヤ・キリスト教にあるということが、『教養マネ』ではうんざりするぐらい何度も強調されています。ドラッカー家はユダヤ教からキリスト教（ルター派）に改宗しています。彼は、キルケゴールやシュタールから影響を受けたことからもわかるように神と人間の問題を考え続けたのです。宗教学を教えていたこともありました。彼は「宗教人」であって、ほとんどが非宗教人間である日本人とは対極にあると言えます。

それなのに、「教えたこと」って本当にあるのか。「教えたこと」とはどういう意味か。

ドラッカーの考えたことのいくつかは、実は、日本において実行されていたり、成果をあげていたのです。日本のいくつかの事例は、ドラッカーの考えていたことが正しかったことを例証しているると言えるのです。つまり日本の事例はドラッカーに、あなたの考えていたことはまちがってはいませんでしたよ、と「教えた」のです。

これから、その「教えたこと」を見ていきましょう。

1　人間重視の思想

ドラッカーの組織論、マネジメント論の最大の特徴は人間重視にあると私は考えています。前出『思想家ドラッカーを読む』の「あとがき」で仲正は、「彼にとって『マネジメント』とは、効率的な組織を作り運営することよりも、そのままではなかなか個性を生かせない人たちに居場所を与え、生き残らせるための思考戦略だったのではないか。」と書いています。そのとおりだと思います。ドラッカーのマネジメント論の本質を簡潔に示した見事な一節です。

❏人間の尊厳

正義と尊厳の統合、社会的地位、役割と機会の平等の統合を見出すことこそ、おそらく現代の企業の最も大きな仕事である。

The Daily Drucker 25 June

これは、*The Daily Drucker* の6月25日の見出し、というかタイトルで、このあとに、「自由放任経済と市場社会の子供である現代の企業の最大の弱点は社会における個人の機能と社会的地位の必要性が見えていないということだ。」と続きます。こなれない訳で申しわけありませんが、要するに、現代の企業にあっては一人ひとりの役割や位置づけがないがしろにされているということなのです。

これは、*Concept of the Corporation* からの抜粋で、現代の企業に対する批判と期待なのですが、市場主義の経済システムとその理論的支柱である現代経済学に対する批判とも言えます。先の「経済学との決別」でもふれたように、経済学は財の動きに関心があるのですが、ドラッカーは人間の行動に関心があったのです。そして経済的成功に無縁の人々を無視する現代の市場主義経済システムにも彼は不満を持っていたのです。人間が重視されないことを問題視したのです。

ただし、人間が重視されればそれでいいということではありません。ドラッカーは、経済的組織、社会的組織、人間の組織という企業の三つの機能のバランスをとることがトップマネジメントの課題だと言っています。ところが、過去の半世紀において、この三つの機能は、一つの機能に重点が置かれ他の二つの機能は下に置かれるという形で発展してきた、とドラッカーは言うのです。

> 「社会市場経済」のドイツモデルは社会的側面に重点を置く、日本のモデルは人間の側面に、アメリカのモデルは経済の側面に重点を置く。
>
> *The Daily Drucker* 26 February

アメリカのモデルとは、株主主権のことを指しています。ドラッカーは、株主主権は必ずぎくしゃくすると言っているのですが、ドイツのモデルも日本のモデルも充分ではないと言います。しかし、日本のモデルは長いあいだ目覚ましい成功をとげたと言っており、人間重視の日本モデルをかなり評価していると思います。

❑ 人間は資源

人間重視の考え方はどこからくるか。先の *The Daily Drucker* 6月25日では、その理由をドラッカーは明示していませんが、それは、先の「リベラルアートとユダヤ・キリスト教」のセクションで言及したとおり、ドラッカーの宗教的信念からきていると言えるでしょう。

The Daily Drucker には毎日のACTION POINTがあって、編者のマチャレロが書いているもの

ですが、同日のそれは、Provide dignity to everyone you work with simply because they are human beings.（あなたが一緒に働いているすべての人々に敬意を払いなさい、彼らは人間なのだから。）となっています。マチャレロは、敬意を払うべき理由を「人間だから」と言っているのですが、もっと何か言うべきだ説明不足だと感じる人もいるかもしれません。しかし、欧米の読者には、キリスト教徒である読者には、これで充分なのでしょう。というのは人間は神の創造物であるからです。神の創造物に敬意を払うのは当然のことです。

しかし、そう言ってしまうと議論が続かなくなるので世俗的な理由を考えてみましょう。それは、ドラッカーは人間を資源と考えているからということです。

彼はいたるところで人間は資源であることを強調しています。*The Daily Drucker* の5月19日では「人は資源であってコストではない。」、4月15日では「人間資源からの産出が組織の業績を決定する。」と書かれています。

人々は仲間であって重要な資源とみなされるべきだという私の見解を最初に真剣に耳を傾けてくれたのは日本人であった。真の生産性は、働く人たちにそのような敬意をはらうことによってのみ得られる。

The Daily Drucker　19 May

ドラッカーは、人は資源であって、そこからの産出が組織の業績を決定するという考え方を日本から学んだ、とは言っていません。日本が最初に同調してくれたと言っているのです。

しかし、このような考え方は、実は、日本企業の観察の結果から得られたものではないだろうかと私は考えています。5月19日の*The Daily Drucker*は、*Managing in a Time of Great Change*からですが、これが出版されたのは1980年です。4月15日のそれは、*Managing the Non-Profit Organization*からですが、これが出版されたのは1990年です。つまり、「人は資源であってコストではない」、「人間資源からの産出が組織の業績を決定する」という考え方は比較的新しいものなのです。人を大事にする日本企業のパフォーマンスを見て、ドラッカーがこのような考え方に至ったという可能性は充分あると思われます。

もっともこれは、ただ刊行の年だけに注目して、この「考え方は比較的新しい」と言うのですから我田引水でしょうね。本当のところは、著作を公にする以前から、このような考え方を持っていて、日本企業がそれが間違っていなかったことを証明した、ということなのでしょう。いずれにしても、私の言う「教えたこと」に該当すると思われます。

ところで、人間が重要な資源だとみなされるべきだという見解に最初に耳を傾けてくれたのは日本人であったとドラッカーは言っていますが、日本では昔からそう考えられていたのです。明治維新以後、日本は「富国強兵」のスローガンのもと、産業を興し国を富まそうとしますが、これといった天然資源はほとんどなかったのです。人が資源なのだと気づいたわけではなく人しか資源がなかったのです。

人をたんなる労働力と見なしていたのではないのです。明治期の財閥、企業家は、近代的工業技術や経営技術を習得させるために、従業員や自らの子弟を積極的に海外に留学させました。

前出『イノベーターたちの日本史』で、米倉誠一郎は小野田セメントの創業者、笠井順八について書いていて、その最後を次のように締めくくっています。


印象深いのは、笠井家の例に限らず、後に見るように明治の企業家たちが技術や経営能力習得のために自らの子弟や従業員を数多く海外に留学させていることである。次章の三井や三菱もそうであったが、小野田という山口の小さな士族授産企業においても、近代化を担おうとした目線は、世界的視野に立つきわめて高いものだったのである。


米倉は、笠井順八が次男の笠井真三をドイツに6年間留学させた（ミュンヘン大学で博士号を取得）ことを評価しているのです。三井や三菱のような大財閥だけでなく地方の企業家も人材育成には熱心だったのです。

この伝統は現代の日本企業にも受け継がれています。どんな企業でも人材育成を経営方針の一つにあげます。人材が重要な経営資源であると認識されているからです。人によっては資金（資本）よりも大事だと言うかもしれません。

「人材」に相当する英語の単語は、たぶん、ありません。「人材」を英訳すれば、competent person あるいは capable person, 集団としてなら efficient staff となるかと思います。これらを日本語ではワンワードで言うことができるのです。それは日本では人が重要な資源とみなされていることを意味します。

そして、「人材育成」という言葉は「人を育てる」という意味です。詳しくは調べていないのですが、欧米の企業、特にアメリカの企業には「人を育てる」という意識は希薄なのではないでしょうか。まったくないとは言いませんが、おそらく日本の企業ほど熱心ではないと思います。

❏ 従業員の強みを引き出す

かつてカルラという会社（東北、北関東で和食レストラン110店を運営している）の代表取締役であった井上修一（1941～2022年）は、カルラの社内報に『強みを活かそう』という一文を寄せていました。タイトルからもわかるようにドラッカーを引用して、組織のなかで「成果をあげる能力」の必要性を解説しているのですが、井上は「強みとは個々人が持っている資質を磨き上げたものです。よく勘違いされますが得意分野のことではありません。」と書き、「この強みというものは案外自分では気がついていない場合が多いのです。」と言います。そして「この強みを発見し、アドバイスするのが上司の大きな役割であると考えます。」

と書いています。

井上は部下の強みを引き出すことが上司の仕事だと言っているのですが、欧米の経営者はこのようなことを、おそらく、考えないでしょう。井上は『強みを活かそう』を「私の残りの人生は、一人でも多くの従業員と面談し、関心を持ち、強みを発見する努力をし続けることにあると思います。」と締めくくっています。

井上と同様の考えを持つ経営者は日本では珍しくはないと思われます。しかし欧米ではどうでしょうか。私は以前、かつてフォードで社長、クライスラーで会長を務めたリー・アイアコッカの自叙伝を読んだことがあります。自慢話ばかりで辟易させられたのですが、従業員のことなどにはまったくふれられていません。自分のことだけです。彼はアメリカの経営者のなかでも自己顕示欲のひときわ強い特殊な人だったからかもしれませんが、おそらく他のアメリカの経営者も大同小異でしょう。彼らは、従業員の強みを引き出す、ということをほとんど考えていないと思います。

従業員の強みを引き出すということは、繰り返しになりますが、人間を資源と考え、人材育成を重視する日本の経営者ならではのことなのです。

日本の企業が二言めには「人を育てる」と言うのは、人間を資源と考えているからですが、もう一つ理由をあげれば、日本の企業が家族的共同体の性格を持っているからだと思われます。欧米の企業にそのような性格はまったくありません。それは日本に固有の事だと思われているかもしれませんが、実はドラッカーも共同体的なものについて考察しているのです。

2 共同体への回帰

❏ コミュニティとしての企業

マネジメントと「産業秩序の自治」という二つの課題に関する私の研究の中で、この「自治的な工場共同体」と「従業員が責任を持つべきだ」という私の考え方は、最も重要で、かつまた独創的なものだと思う。しかし、経営者側から見ると、こうした考え方は「経営者の体験を侵害するもの」として排斥したくなるものである。一方、労働組合側にしても、これまた真っ向から反対だった。というのは、彼らにとっては、敵にまわして戦える相手としてはっきり目に見える「ボス」の存在が必要と考えたからである。

『傍観者の時代』

これは『傍観者の時代』の「専門経営者アルフレッド・スローン」からの一節です。ドラッカーは1943年にGMにコンサルティングに入り、1946年にその結果を発表するのですが、それはGMの気に入るものではありませんでした。

「自治的な工場共同体」self-governing plant communityという概念は、戦時中にGMが運営していた航空機のエンジン工場や複雑な爆発装置や銃の口径測定装置の製造のための作業チームから得られたものだとドラッカーは言っています。それらの作業チームでは戦時中のため技術者や監督者が不足していたので、訓練を受けていない新参の従業員たちが、個々の職務の構成、仕事の出来栄え、勤務交代、休暇制度、残業の割り当てなどの管理について責任を持たなければなりませんでした。ドラッカーはそれを「自治」と呼んだのですが、その自治権は戦時という非常時のためにGMが与えざるをえなかったのです。ところがそういうチームが生産性を上げ出来栄えもすぐれたものになっていることをドラッカーは発見したのです。それで彼は平和時でもこのような成果は失われるべきではないとGMに提言したのです。

GMの経営陣がそれに難色を示したのは当然ですが、労働組合もまた反対したということには意外だと感じる人もいるかもしれません。

日本における会社と従業員の関係は、欧米のそれとは著しく異なるのです。英国の社会学者ロナルド・ドーアは『イギリスの工場・日本の工場』でそれをあきらかにしました。この本はイギリスのイングリッシュ・エレクトリック社（EE社）と日立製作所の労働組合を調査して両国の労使関係を比較研究したものです。

ドーアはこの中で、「EE社では技能は個人の所有物である。徒弟終了『証書』や協会での会員資格は人の能力程度を保証するものであり、また、労働力を買おうとする人に対する品質保証となる。」と書いています。

つまりイギリスでは労働者は自分の技能を少しでも高く買ってくれるところに行きます。需要・供給のバランスによってさまざまな技能の市場価格が決定されます。ドーアは、「ＥＥ社では、採用は純粋に個人対会社の問題である」が、「日立では――たとえば学校の推薦した者をとるとか、家族状況を調査するとか、身元保証人を必要とするといった点に現れているように――採用とはある集団（学校とか家族）がその一員を他の集団（会社）に譲り渡す過程なのだとみても、さして誇張したことにはなるまい。これは、伝統的な結婚が一つの家族から他の家族への娘の譲渡という性格を帯びていたのとよく似ている。」と言います。

『イギリスの工場・日本の工場』が刊行されたのは１９８７年で、最近の日本の企業はだいぶ変わってきてはいますが、日本の採用は伝統的な結婚に似ているというドーアの指摘は、もう当てはまらないとは言えないでしょう。従業員は家族だという意識はまだまだ根強いのです。

ドーアはさらに続けます。「日立は技能を買うのではない。入社を許された人間は、いわば、自己の能力の限り会社に奉仕するのである。労働市場に出向いて新卒者を求める場合、会社は技能ではなく、生涯にわたる労働を買い取ろうと考えているのである。」と。ＥＥ社は技能を買うのですが日立は「生涯にわたる労働」を買うのだとドーアは言うのです。

日本では終身雇用が前提となっていますので、「生涯にわたる労働」を買うのは日立だけではありません。

ところで、この「終身雇用」という言葉は私たちの辞書にはなかった言葉です。アメリカの経営学者ジェームズ・アベグレン（のち日本に帰化）は1958年に刊行した『日本の経営』で、日本の企業の特徴として、「終身雇用」、「年功序列」、「企業内組合」をあげました。「終身雇用」は彼の造語なのです。

ではなぜ私たちには「終身雇用」という用語がなかったのか。それは「終身雇用」が日本ではあたりまえのことであったからです。あたりまえのことをあえて説明する必要はないからです。

ドーアは日本の企業の採用を結婚にたとえましたが、「終身雇用」も「ずっと企業と一緒だよ」ということになるのでしょう。つまり日本の企業は家族であり共同体なのです。

ただし、日本の企業が心の底から本当の家族のように従業員を慈しんだわけではありません。企業の維持・発展のためには良質の定着労働力を確保しておくことが必要でしたし、労働運動への対処として企業に忠誠心を持つ労働力を育成する必要があったのです。そのためには終身雇用が有力で効果的な方策だったのです。終身雇用は共同体的発想の産物というよりも冷徹な資本の論理の産物であったと言うべきかもしれません。

しかし、日本企業は福利厚生制度を最大限に活用することによって資本の論理をベールで覆い、会社は生活共同体であると思わせることに成功したのです。そしてそれは見せかけだけではなく、たしかに生活共同体としての一面もあったことも事実です。

ですから労働組合も企業内にあって、運命共同体であるとすれば経営陣と激しく対立することはまれでした。そして生活共同体であれば、そこに長くいる人が幅を利かす「年功序列」が確立するのは当然です。アベグレンは、「終身雇用」「年功序列」「企業内組合」の三点を日本の企業の特質としましたが、これは日本の企業は生活共同体であると言っているのと同じなのです。

ドラッカーがドーアの『イギリスの工場・日本の工場』を読んでいたかどうかはわかりませんが、日本企業のそのような特質を理解していたはずです。そして共同体としての日本企業のパフォーマンスを見て、自分の見解がまちがってはいなかったことを確信したのです。

❑ 失われた共同体

> 私は日本が、終身雇用によって実現していた社会的な安定、コミュニティ、調和を維持しつつ、かつ知識労働と知識労働者に必要な移動の自由を実現することを願っている。これは、日本の社会と、その調和のためだけではない。おそらくは、日本の解決が他の国のモデルになるであろうからである。なぜならば、いかなる国といえども、社会が真に機能するためには、社会的な絆が不可欠だからである。

『明日を支配するもの』

この一節は、上田惇生の『ドラッカー入門』から引用しました。上田は、この一節は『明日を支配するもの』の、日本版への序文として書かれたものではなく、本文中の結論部分の文章である、ということを強調しています。つまり、ドラッカーがいかに日本に期待していたかがわかるというものです。そのことについては後でふれることにして、私は、彼が最後に「いかなる国といえども、社会が真に機能するためには、社会的な絆が不可欠だからである。」と言っていることに注目します。

ドラッカーを、ビジネスマンのための経営管理を論ずる学者としてとらえている人は、彼が「社会的な絆」などと言うのを意外に感じるかもしれません。「絆」が経済学や経営学の分析対象になることはないからです。しかし、「絆」を重視するということにこそ、ドラッカーの思想の本質があるのです。

ドラッカーは、１９３６年、27歳のときに「ドイツにおけるユダヤ人問題」という論文を書いています。これは日本ではあまり知られていないのですが、仲正昌樹は前掲『思想家ドラッカーを読む』で、この論文を取り上げています。

仲正は、ドラッカーが「ユダヤ人解放」について論じている箇所を引用し、「宗教が共同体的な絆になっていることを積極的に評価するドラッカーは、『ユダヤ教』の存在に一定の意味を認めている。ただ、この箇所から読み取れるように、市民社会という新たな状況に自発的に適応して、あらたな『共同体』の形態を発展させる力が『ユダヤ教』自体にはなかったことを批判的に見ている。」（太字処理は仲正による）と書いています。

ドラッカーは「宗教が共同体的な絆になっていることを積極的に評価」していたのです。中世ヨーロッパを精神的に支配していた宗教はしだいに影響力を弱めていきます。１７８９年のフランス革命に代表される市民革命によって人々は自由平等を獲得していくのですが、それは宗教の力が弱くなる、宗教共同体の衰弱の過程でもありました。

ドイツの詩人、歴史学者フリードリヒ・フォン・シラーは１７８６年から１８０３年にかけてAn Die Freude「歓喜に寄す」という詩を書いています。ベートーベンの交響曲第９番第４楽章で歌われるあの有名な詩です。その一節を書き出してみます。

Deine Zauber binden wieder,
Was die Mode streng geteilt;
Alle Menschen werden Brüder,
Wo dein sanfter Flügel weilt.

時流が容赦なく分け隔てたものを

御身の魔力は再び結びつける
御身の優しい翼が覆うところでは
人間はみんな兄弟になる

（訳は庄司）

er と It の韻を踏んだ美しい感動的な詩です。ベートーベンが感激したのもむべなるかな、です。

ところで、私が「時流」と訳した Mode は、フランス語や英語のモードです。習慣、やり方、流行、はやり、という意味を持つ言葉ですが、私は、シラーが Mode と呼んだものは、同じくドイツ語で言えば、Kapitalismus 資本主義、だと思うのです。もちろん、この詩が書かれた当時は Kapitalismus という言葉はまだありませんでした。しかし、市民革命、つまりブルジョア革命によって資本主義の進展はゆるがないものになっていました。もう徐々にではありますが、共同体の崩壊、社会の分断は始まっていたのです。それをシラーは、「時流が容赦なく分け隔てた」と表現したのです。そしてその分断は神によって修復されると歌ったのです。

もちろん、シラーは、以前のように教会が人々を支配することを望んだわけではありません。彼は、教会がキリスト教が、もう以前のような影響力を持ちえないことを知っていました。それでも、神が再び皆を結びつけ兄弟になると歌ったのは、皆が同じ一つの神を信じることで、信仰心を保つことによって、精神的な共同体は維持できるのだと考えたからでしょう。

しかし、近現代の資本主義の進展は、社会の分断を押し進め、昔ながらの共同体は失われてしまいました。たしかに資本主義は私たちの暮らしをよくしました。社会は確実に豊かになりました。その一方で、失われたものもあったのです。シラーをはじめとしてヨーロッパのインテリはそのことを痛切に感じていたのです。

❏自己実現のための共同体

ドラッカーは『新しい現実』で、「中世ヨーロッパを支配したのは、『信仰による救済』だった。それは一六世紀の宗教改革によってふたたび力を得、一七世紀の半ばに力を失った。」と書き、「『信仰による救済』が姿を消したあとを埋めたものが、一八世紀中頃に出現した『社会による救済』、すなわち現世の政府に具現された地上の社会秩序による救済だった。」と続けます。

ところが、20世紀に、この「社会による救済」はまったく期待できないことがはっきりしたと彼は言うのです。彼の念頭にあるのは社会主義の失敗なのですが、では、人間は、信仰によってでも社会によってでも救われないのなら、何によって救われるのでしょうか。ドラッカーは、『新しい現実』ではその問いには答えていません。その他の著作でも、この問いにストレートには答えていません。

しかし、彼の書いたものを読み進めていけば、明確にではありませんが、個人はマネジメントによって救われる、そう言っているように思われるのです。

現代は組織社会であるから個人は組織の中で自己実現を図っていく、ドラッカーはそう考えました。現代の組織の代表的なもの支配的なものは企業です。つまり組織社会は企業社会と言っていいのです。

仲正の前掲『思想家ドラッカーを読む』によれば、ドラッカーは1942年に刊行された『産業人の未来』で「自由で機能する社会を可能とするには、企業をコミュニティへと発展させることが必要である。」と言っています。そして、「企業社会は、企業が自らの成員に対し、社会的な位置と役割を与えるときにのみ機能する。そして企業の権力が、その成員による責任と意思決定を基盤とするとき産業社会も初めて自由な社会となる。」と書いています。ここにドラッカーが後に展開することになるマネジメント論の出発点があったと私は考えています。

仲正は、これら『産業人の未来』の記述から、「ドラッカーは、企業を、単なる金儲けのための契約の集合体ではなく、社会統合的な機能を担った共同体と見ていたわけである。」（太字処理は仲正による）と書いています。重要な指摘です。ドラッカーの企業観、社会観が簡潔明瞭に表現されています。

『産業人の未来』が刊行されたのは1942年で、ドラッカーのマネジメント論はまだ確立されていないのですが、その後の彼の著作を読み合わせれば、組織が機能するためにはマネジメントが必要である、うまくマネジメントされている組織であれば、その成員である個人は自己実現できる、ということがわかります。つまり、「個人はマネジメントによって救われる」のです。

仲正は、もっとわかりやすく説明しています。さきほどのドラッカーの企業観の見事な要約に続けてこう書いています。「この見方が、後のマネジメント論の基調になったとすれば、彼は『マネジメント』を、伝統的な共同体の絆から解き放たれてバラバラになり、単独では生きていけない諸個人を、社会的に再統合するための基礎的なユニットと見ていたことになる。」(太字処理は仲正による)

シラーは、「時流が容赦なく分け隔てたもの」は神の力によって再び結びつけられると歌いましたが、ドラッカーはマネジメントによって再統合されうると考えたのです。

ただし、それには企業が社会統合的な機能を担った共同体的なものでなければならないのです。おそらくアメリカの企業はドラッカーが期待したように共同体的なものには変貌しなかったのです。彼の提言がGMに受け入れられなかったことは先にふれました。

❏ 地域社会の伝統

しかし、ドラッカーは、アメリカのサードセクターに希望を見いだしました。『新しい現実』で、アメリカのサードセクターは、地域社会の新しい絆となって、人々が市民としての役割を果たす場をつくり出している、としてこう続けます。

今日、家庭や地域社会の崩壊について、多くが論じられている。あらゆる先進国において、伝統的な地域社会は弱体化しつつある。例外があるとすれば、おそらく日本ぐらいのものである。
しかし今や、アメリカではサードセクターによって、地域社会の新しい絆がつくられつつある。ボランティア活動において、退職した工業労働者と、若い知識労働者が共に働いている。

『新しい現実』

ドラッカーはこの後に、救世軍、アメリカ精神教会の地方支部、ボーイスカウト、ガールスカウトの活動をあげ、これらのサードセクターが、「一般市民に対し、市民としての意義ある役割を果たす場を与えている」と書き、サードセクターの役割を評価します。サードセクターにおいては、「個人は自ら積極的に市民として活動できる。」というのです。そして、「これこそ、おそらくサードセクターのもっとも重要な社会に対する貢献である。」と言います。ドラッカーのいう「サードセクター」は、「第三セクター」よりは、NPO法人に近いと思われますが、NPO法人の社会貢献というときは、ふつうはその活動内容に関するものがまず問題になるはずです。ところが、活動内容ではなく、個人が市民として役割を果たすことができるということがNPO法人、サードセクターの社会貢献だとドラッカーは言うのです。組織の成果についての見方が常人とは異なるのです。

もう一つドラッカーのユニークなところは、サードセクターを地域社会と不可分なものとしているところです。そしてそれはアメリカにおいてのみ実現されたと言います。ヨーロッパでは、アメリカのような地域社会は育たなかったと言うのです。

そう書いてから、ドラッカーは日本のことに気がつきます。

> 全く異質の歴史をもつ日本だけが、アメリカの地域社会に比肩しうるものを伝統的にもっている。一族郎党の封建的な絆、すなわち藩の伝統が、政府機関や企業という現代の組織の中に家族意識として残っている。
>
> 『新しい現実』

「全く異質の歴史をもつ日本」という表現には、日本はキリスト教国家ではない、という含みがあります。日本の社会経済システムを論じる欧米の学者は、本当は「異教徒である日本は、」と言いたいのです。それはさておき、欧米では、共同体、地域社会というものは宗教に由来するものと思われてきました。彼らには、宗教に由来しない共同体、地域社会をイメージするのが困難なのです。

しかし、ドラッカーは宗教とは無縁の、しかしよく機能している共同体、地域社会が日本にあったことを認識していました。そしてその絆が日本の現代組織に残っているとし、それは藩に基づいているものだと考えました。

しかし、アメリカの地域社会と藩は別物です。アメリカの地域社会は自発的なものですが、藩はそうではありません。江戸時代の人口構成は農民が86％、武士が6％であったと言われています。つまり藩のほとんどの人間は農民であって、農民は藩に対して帰属意識はほとんど持っていなかったでしょう。

ただし、武士であっても農民であっても共同体の絆は明示的ではなくても意識されていました。日本人は共同体を形成して生きる以外に方法がなかったからです。日本人は遊牧生活をしたことはありません。縄文時代は狩猟、採集が主体でしたが、弥生時代からは水田で米を作って生活してきたのです。水田での稲作は、農業用水の維持管理をはじめとして一人で鍬や鋤一本でできるものではなく、共同作業が必要なのです。共通目的を持ち共同労働が営まれる共同体が必然的にできあがるのです。

その伝統が、ドラッカーの言うように、日本の政府機関や企業などの現代組織に引き継がれているのは確かです。でもそれは藩から直接引き継いだものではありません。ではなぜ彼は藩の伝統を「アメリカの地域社会に比肩しうるもの」としたのでしょうか。

明治維新をへて日本は近代国家になっていき、政府機関や企業などの組織も欧米のそれに近いものになりましたが、それら近代的組織にも、依然として明治以前の共同体的性格は残存していた。それをドラッカーは、明治以前の代表的共同体である藩の伝統、と表現したのではないでしょうか。

3　家族意識の強み

❏ 家族意識

ところで、ドラッカーは、日本の現代組織のなかに家族意識が残っている、と言いましたが、それをどう評価していたのでしょうか。『新しい現実』では、その記述のあとに家族意識について は言及されていませんが、『ドラッカー20世紀を生きて』では日本企業の家族意識について言及しています。

> 欧米人と日本人を交ぜてパーティを開くとしよう。何をしているかと聞かれれば、欧米人は「会計士」、日本人は「トヨタ自動車」などと答えるだろう。自分の職業ではなく自分の組織を語るということは、組織の構成員が家族意識を持っている証拠だ。ここに日本最大の強さがある。
>
> 『ドラッカー20世紀を生きて』

この本は日本経済新聞に連載された「私の履歴書」をまとめたものなので、家族意識を持っているとなぜ強いかは説明されていませんが、別のところでドラッカーはその理由について再三言及しています。

たとえば、『ポスト資本主義社会』には、「生産性の向上については、働く者自身が責任を負い、管理をするよう求めることが必要である。」と言い、「われわれは、このことを第二次世界大戦下のアメリカにおける戦時生産から学んだ。よく知られているように、エドワード・デミングやジョセフ・ジュランなどのアメリカ人の教えによるものであったにせよ、これらの考え方を最初に適用したのは日本人だった。しかしアメリカ、イギリス、そしてヨーロッパ大陸の諸国は、第二次世界大戦後、昔からの『命令による生産性』に戻ってしまった。その主たる理由は、労働者に『経営的責任』はもとより『経営的態度』を求めることに対して、労働組合が強く反対したからだった。」という記述があります。

デミングやジュランについてはここで詳しく説明する余裕がありませんが、製造業における「品質管理」Quality Control（以下「ＱＣ」と略します）の考え方を日本に紹介した人とだけ言っておきます。「第二次世界大戦下のアメリカにおける戦時生産」とは、先にふれたＧＭの戦時中の作業チームのことを言っているのです。

要約すれば、ＱＣは日本ではすんなりと受け入れられたが欧米では労働組合が反対し定着しなかったということです。

当然ですね。製造過程において、どうして不良品が発生するのか、不良品の発生を少なくするためにはどうしたらいいか、そんなことは経営者が考えるべきことであって従業員のあずかり知らぬことである、これが欧米の考え方です。

日本の企業では少なからず家族意識が存在するので、欧米ほど経営者と従業員の対立が鮮明ではありません。会社の問題を全員で考えようという意識があるのです。ですからウォルター・シューハートやデミングが開発したＱＣが導入される以前から、工場などで業務改善のための小さいグループが、つまりＱＣサークルが存在していたのです。ジュランは１９９６年に来日したときに、その「カイゼン」のための集団があることを知り、感銘をうけ、これを絶賛しています。ドラッカーは「アメリカ人の教えによるもの」と言っていますが、たしかにシューハートやデミングによって理論化されたものですが、日本が教えたものと言っていいところもあるのです。

それはさておき、日本の企業におけるＱＣ活動が、戦後の日本企業の著しい躍進に貢献したことはまちがいありません。不良品発生の減少、作業の効率化などの目に見える成果のほかに、目に見えない成果も、おそらくありました。

私自身も現役時代にＱＣ活動に携わったことがあります。私は政府系の金融機関に勤務していました。当時の私は、ＱＣとは製造業において効果を発揮するものであってサービス業にはなじまないのではないかと考えながらＱＣサークルのリーダーをしていました。

後で気がついたのですが、非製造業の政府系の金融機関がQCを導入したのには二つの理由があったのです。一つは、あまり感心できませんが、とかく非効率的な仕事をしていると思われがちな政府機関でも、業務の効率化に取り組んでいますよとアピールしたかったということ。もう一つは、これが重要なのですが、QCサークルのメンバーとして活動することによって、議論をすることによってコミュニケーションが図れる、チームワークの重要性が認識されるようになるということです。QC活動に取り組んだ結果、実際に問題が解決されたのか、効率化が図れたのかは二の次なのです。

私が所属していた組織でQC活動によってコミュニケーションが円滑化されたかどうか、もう記憶にはないのですが、他の企業ではたぶんQC活動によって具体的な問題が解決するとともにチームワークの強化、コミュニケーションの円滑化が実現したはずです。これが目に見えない成果です。

デミングは日科技連がデミング賞を創設するなど日本では敬意をもって迎えられたのですが、アメリカでは、日本企業の成功によって晩年には評価されましたが、壮年期にはほとんど評価されることがありませんでした。

デミングのQCについてNBCは「日本にできてなぜアメリカでできないのか」というルポルタージュ番組を作成しました。その問いに対する答えは、ドラッカーが指摘したように、日本では「組織の構成員が家族意識を持っているから」なのです。

❏ 意思決定

家族意識はマネジメントの重要な要素である意思決定にも影響を与えます。

> 日本について見解の一致があるとすれば、それは合意（コンセンサス）によって意思決定を行っているという点であろう。
>
> 『マネジメント』

ドラッカーは、このあとに、「アメリカでは、ライセンス契約の日本側の交渉相手が数カ月ごとにチームを送りこみ、交渉のごときものを始めからやり直す理由を理解できない。一つのチームが克明にノートしていく。ひと月半後には、同じ会社の別のセクションが、初めて話を聞くという態度で克明にノートしていく。」と書いています。そして「日本では、契約の必要を検討する段階で、契約締結後に関りを持つことになる人たちを巻き込んでおく。関係者全員が意思決定の必要を認めたとき、はじめて決定が行われる。」と続けます。

そして、このような日本流の意思決定のエッセンスを解説して、「日本流の意思決定は独特のものである。日本社会特有の仕組みや組織の性格を前提とするものであって、どこでも使えるものではない。だがその基本は、日本以外でも十分に通用する。それどころか、これこそ効果的な意思決定の基本である。」と言うのです。

私はこれを読んで驚きました。意思決定のさいには関係者の合意が必要なのはあたりまえだと思っていたからです。それが「日本独特のもの」だとは夢にも思っていませんでした。欧米の企業では関係者の意向を無視して意思決定が行われるのでしょうか。

欧米の企業の意思決定方式がどういうものか私はよく知らないのですが、関係者をすべて巻き込むという日本方式には、おそらく意識されてはいませんが、日本企業の家族意識が反映されているのだと思います。家族で大事なことを決めるのに、それを知らない人がいるとすればうまくいきませんからね。

ドラッカーは、意思決定の原則についてこう言っています。

> 意思決定は常に、可能なかぎり低いレベル、行動に近いところで行う必要がある。
> 『マネジメント』

ドラッカーがこう言っているということは、欧米では意思決定はしばしば高いレベルで行われていたということですね。

日本ではそうではありません。というよりは、日本ではレベルの高低差が欧米ほど顕著ではないと言ったほうが正確かもしれません。日本の社会は世界でもまれにみるフラットな社会です。日本の企業には、もちろん重役と平社員の待遇には歴然とした差はありますが、欧米ほどの差はありません。

経済評論家の森永卓郎から聞いた話です。

外国の企業のCEOが集まった会議のあとのパーティで、ぽつねんと座ってひまそうにしている人がいたので森永が話しかけたそうです。

「飛行機で日本に来たと思うけど、君ぐらいなら、当然ファーストクラスなんだろうね。」

「いや、ちがうよ。」

「えっ、エコノミーなの。」

「いや、ちがうよ。」

「？」

「自分のジェット機で来たんだ。」

「……」

森永は唖然として絶句してしまったそうです。

その話のあとで、彼は日本の社長の平均年収は4千万円で、アメリカの社長のそれは13億円だと言いました。十数年前に聞いた話なので最近の数字は異なっているかもしれませんが、日本の社長の収入はアメリカに比べればつつましいものです。

事件で亡くなられた「餃子の王将」の社長は毎朝自分で車を運転して午前6時前には出勤して本部の前を清掃していたそうです。日本では「そんな社長さん、いるよね」と、それほど驚かれる話ではありませんが、欧米の企業では考えられないことです。従業員がやるべきことを経営陣がやることはありません。そもそも、外国では、高い地位にある者は労働をしないというのがふつうなのです。

日本ではそうではありません。正確には覚えていないのですが、司馬遼太郎がどこかで書いていた話です。

明治時代のことですが、中国軍と日本軍が交渉をすることになりました。会場で日本軍の代表団全員が机を並べはじめました。それを見た中国の代表団は、彼らはみな一兵卒だ、地位の高い者はいない、こんな連中と交渉しても無駄だ、そう判断して帰ってしまったそうです。

日本は昔から地位の高い者でも労働を厭わないフラットな社会なのです。リーダーは「行動に近いところ」にいます。ですから、意思決定にさいして、それが「行動に近いところで」行われるかどうかは問題になりません。全員が行動しているようなものですから。そして高いレベルで行われているか低いレベルで行われているかもあまり問題になりません。家族はみな同じレベルにいます。家族意識の強い日本企業では、ほとんど同じレベルで意思決定が行われているといえるでしょう。ある意味では常に低いレベルで行われていると言ってもいいのです。

ドラッカーの意思決定の原則には「日本」はまったく出てきません。しかし、この原則は日本社会、日本企業の観察の結果から導き出されたものではないかと私は考えています。それが言い過ぎであるとすれば、この原則が正しかったということを日本企業が実証したとは言えると思います。

❏ 勤勉な労働者

> 日本は、教育訓練によって低賃金労働者の生産性を高めることができるというアメリカの発見を利用した。
> 高品質の製品を生産する高度に訓練された低賃金労働者を基盤とする輸出主導型の経済開発が、日本を経済的な後進性と、戦後の荒廃から脱出させた。
>
> 『新しい現実』

ドラッカーは『新しい現実』で「経済開発政策」について論じています。彼によれば第二次世界大戦後に成功した経済開発政策は二つあって、「一つは低賃金労働による工業製品の輸出であり、一つは、幼稚産業の保護」だと言います。そして、「いずれも、すでに一九世紀に失敗し、放棄を余儀なくされた政策だった」とし、日本も1920年、30年代に「低賃金労働者による製品によって世界市場に必死に参入しようとして失敗した。」と続けます。「しかし、第二次大戦後、事態は急速にかわった。」と書いて、右の囲みの記述になるのです。問題のある記述です。

日本は低賃金労働者の生産性を高めようと思ったことはないはずです。労働者の生産性を高めようとはしてきましたが、特に低賃金労働者にしぼって生産性を高める政策を立案したことはないはずです。そもそも、日本においては低賃金労働者は生産性が低いということはなかったし、低賃金労働者という明確な階層も存在しなかった、ある意味では、昔はみんな低賃金労働者だったかもしれません。

戦後の一時期の輸出産業の成功の一因は、「高度に訓練された」労働者によるものであることは事実です。日本の労働者が優秀であったのは事実です。

日本の労働者は外国の労働者に比べて勤勉でした。では、この勤勉性はどこから来たのでしょうか。経営学者であった津田眞澂は『日本的経営の擁護』（東洋経済新報社、１９７６年）でこう書いています。

> 日本人が生来勤勉であるのではなく、日本的経営が日本人を勤勉に育てたのであって、このゆるさは欠陥であるよりも、むしろ長所のほうが大きいというべきではあるまいか。

意外な指摘です。日本人は生来勤勉なのだと思っていましたから。

私は日本人は生来勤勉であると思っていて津田の見解を全面的には支持しませんが、日本的経営が、その勤勉性を助長したことは疑いがありません。どんなに勤勉な人でも経営方針や社風などに適合していないとなれば勤勉性を発揮する気にはなれないでしょうから。

津田の言う「このゆるさ」とは、日本型経営の特徴である終身雇用と年功序列のことです。終身雇用や年功序列は資本主義の原則に基づく欧米的企業経営から見れば「ゆるい」のです。津田は、このゆるさは欠陥ではなくむしろ長所だと言っているのですが、これは、ドラッカーの、家族意識を持っていることが強みだ、という見解と相通ずるものです。

ところでドラッカーは、「教育訓練によって低賃金労働者の生産性を高めることができる」というのはアメリカの発見だと書いています。ドラッカーは明示していませんが、おそらく、フレデリック・テイラーの「科学的管理法」のことを指していると思われます。ドラッカーは先の囲みの記述の数十ページあとにテイラーについて言及しています。

> 一人のアメリカ人、フレデリック・W・テイラーが、人類の歴史上はじめて、工場労働を研究と分析の対象にするという、かつて誰も考えなかったことを行った。彼は、より賢明に働くことによって、生産量を大幅に増やせることを示した。
>
> 本当の意味でマルクスとマルクス主義を打ち負かしたのは、テイラーだった。
>
> 『新しい現実』

ずいぶんとテイラーを持ち上げているなあという気がしますが、ドラッカーもアメリカ人ですから無理もありません。いくら日本びいきのドラッカーでも、「日本の経営者と労働者は、テイラーに教わるまでもなく、日頃の『カイゼン』を通じて働き方しだいで生産量を増やせることを知っていたし、じっさいにそうできた」とは書けなかったでしょう。

❑マルクスを打ち負かした者

ドラッカーは、マルクスを打ち負かしたのはテイラーだったと書いていますが、この記述の前に、「一九世紀においては、マルクスをはじめ、あらゆる経済学者にとって、生産量を増やすためには、より激しく働くか、より長く働くしかないということが、公理となっていた。」という記述があるのです。したがって、その「公理」を否定することになったテイラーがマルクスを打ち負かしたとドラッカーは書いたのですが、マルクスをその「公理」の提唱者の筆頭にあげるのはどうかと思います。どうかとは思うのですが、百歩譲って、マルクスがその「公理」を熱心に提唱していたとすれば、マルクスを打ち負かしたのは、労働と生産量増加の問題に限れば、テイラーというよりは日本資本主義だった、と私は言いたいのです。

ドラッカーは「私はマルクス主義者ではない」と明言していて、マルクス主義をまったく評価していませんでしたから、「打ち負かす」というような表現になりますが、日本においては、資本主義国家でありながら、マルクスやマルクス主義への向き合い方は微妙なものがあります。

戦後の高度成長の推進役となった企業や銀行の幹部には大学でマルクス経済学を学んだとい

う人が少なからずいたのです。

西武百貨店を率いていた堤清二は東大在学中に共産党に入党し、後に除名されますが、共産党とは完全に決別したわけではなく、西武百貨店の代表となってからも、共産党の幹部と交流がありました。1981年に堤は西武百貨店の八階にあった美術館で「宮本百合子の没後30年展」を開催しました。その開催にあたっては、当時日本共産党副委員長だった上田耕一郎に相談しているのです（『私の松本清張論』から）。欧米では大企業の経営者が共産党と関わりがあるということはありえません。

東大経済学部の教授であった矢内原忠雄は、毎週日曜日に自宅で聖書研究会を開催していた熱心なクリスチャンでしたが、大学ではヒルファディングの『金融資本論』を講じていたのです。彼には『マルクス主義とキリスト教』という著作があります。その中で彼は、「私は社会科学の一学徒である。しかして私は一キリスト者である。この二個の命題は同時に成り立ちうるや。換言すれば私が社会科学の学徒たることは私のキリスト者たることを妨げはしないか。また私がキリスト者たることは私の社会科学の学徒たることを妨げはしないか。」と自らに問いかけます。

矢内原はたんに「社会科学の学徒」と言っていますが、『マルクス主義とキリスト教』を読めば、これは「マルクス主義の社会科学」であることはあきらかです。

矢内原の問いかけに対する答えは、日本では「成り立ちうる」「妨げない」ですが、欧米では「成り立たない」「妨げる」です。あるいは「ありえない」と言ったほうがいいかもしれません。

国に奉仕する官吏の養成が主な目的の一つであったはずの旧帝国大学で、その帝国を否定するマルクス経済学が堂々と講じられていたのです。その理由については、本論のテーマから外れるので、ここでは詳述しませんが、一つには、さまざまな考え方を受け入れる柔軟性が日本にはあるということです。悪く言えば一貫性がないのです。原理原則がないと言ってもいいでしょう。

それは日本人の宗教性の欠如、より正確に言えば一神教を信じてはいないというところからくるものだと私は考えています。キリスト教徒にとって神は絶対的なものですが、非キリスト教徒である日本人には絶対的なものはないのです。

上田惇生は前出『ドラッカー入門』で「ドラッカーにいわせれば、明治維新とは日本の西洋化ではなかった。西洋の日本化だった。」と書いています。ドラッカーがどこで「西洋の日本化」と言ったのか上田は出典をあきらかにしていませんが、たとえば『ポスト資本主義社会』には「今からおよそ一〇〇年前に、西洋以外で唯一日本だけが国民国家をつくり、経済、技術、政治、軍事などの面で『西洋化』し、しかも完全に『日本的』であり続けられるようにした」とあります。

「西洋化」のもっとも大きな意味はキリスト教化です。キリスト教徒になることによって西洋化が完成するのです。

日本ではキリスト教は浸透しませんでしたが、その理由の一つとして、キリスト教は都市部のインテリ層のものであって農村部には広がらなかったから、ということがあげられます。マルクス主義も同じです。日本においてはマルクス主義は「教養としてのマルクス主義」だったのです。

とにかく日本は、欧米から見れば、無原則に、西洋の諸制度を日本化してきました。それは津田が指摘したように「ゆるい」ものであったかもしれません。日本の企業にある家族意識もまた「ゆるい」ものなのでしょう。

津田は、「このゆるさは欠陥というよりは大きな長所」だと言いましたが、それはドラッカーが「日本の組織が家族意識を持っていることが最大の強みだ」と言ったことにつながっているのです。

4 公と私

❑藩の延長としての企業

ドラッカーは、日本の組織に家族意識があるのは藩の伝統だと言いました。たしかにドラッカーの言うように藩の伝統は企業に残っています。というよりは日本の企業、特に大企業は藩の延長であると言ってもいいかもしれません。

企業の代表格は株式会社です。株式会社は資本主義発展に大きく貢献し資本主義の主役と思われていますが、資本主義発祥の地イギリスでは、株式会社は好ましくないものと思われていたのです。イギリスは、今でもそうなのですが、株式会社の数が非常に少ない国です。

アダム・スミスは株式会社が嫌いでした。『国富論』でこう述べています。


株式会社は常に取締役会によって運営される。この取締役会は、たしかに、多くの点でひんぱんに株主総会によってコントロールされる。しかし、株主の大部分は、ほとんどの場合、会社の仕事について理解しようとしない、そして、彼らのあいだに内紛の気配でも起こらなければ、自らはトラブルを解決しようとしないで、取締役たちが適切と考えた半年のあるいは一年の配当を受け取って満足するものなのだ。

（THE WEALTH OF NATIONS BOOK V CHAPTER I ARTICLE 1st　訳は庄司）


スミスは、株主が会社の経営には無関心で配当さえもらえればそれでいいと思っていると株主を批判します。そして株主だけでなく取締役たちをも批判します。

しかし、このような会社の取締役たちは、自分たちの金ではなく他人の金の管理者だから、彼らが私的協同組合の組合員が自分たちの金を心配してひんぱんに寝ずの番で監視するのと同じ熱心さをもって、他人の金を監視することは期待できないのだ。

（同上）

このあとで、スミスは、だから株式会社は個人企業との競争に勝てないのだと断じます。株式会社と個人企業の最大の相違点は「経営と所有の分離」にあります。明示されてはいませんが、経営と所有は一致していなければならないということが、スミスがここで言いたかったことではなかったかと私は考えています。

スミスの企業観についてはまたふれますが、イギリスでは株式会社はうさんくさいものと考えられていたのです。アメリカでもそうでした。ドラッカーは『ポスト資本主義社会』でアメリカの労働経済学者ジョン・R・コモンズの『資本主義の法的基礎』（1924年）についてこのように言及しています。

> コモンズは、企業という名の組織の出現は、一九世紀におけるアメリカ最高裁の憲法修正一四条の曲解による「謀略」の結果であり、アメリカの体制に注入された毒素であると論じた。
> もちろんこの書に接した者には、そのような考えが唐突であることは明らかだったた

はずである。他の先進国は、最高裁や修正一四条など関係なく、企業を受け入れていた。しかもアメリカは、あらゆる先進国の中で、企業の出現をみた最後の国だった（日本よりも遅かった）。

『ポスト資本主義社会』

前段、コモンズの主張は日本の読者にはわかりにくいかもしれません。説明してみましょう。これは20世紀初頭の独占禁止法の改正、コモンズによれば改悪、について言及しているのです。

当時は、巨大法人企業の自由な市場のもとでの激しい競争による、さまざまな問題が惹き起こされていました。たとえば鉄道会社は大口の顧客には安い運賃を設定するが、それを補塡するために農民には割高の運賃を設定するなど。当局はこれら企業の不公正な活動に規制を加えるのですが、大企業はこれらの規制は憲法修正第一四条違反だと主張して法定で争うようになったのです。

アメリカ合衆国憲法修正第一四条には、「どの州も、適正な法手続きによらなければ、いかなる人の生命、自由、または財産を奪うこともできない。またその州の支配下にあるいかなる人に対しても、法律による平等な保護を拒んではならない。」（訳文は飛田茂雄『アメリカ合衆国憲法を英文で読む』中公新書、1998年から）と規定されています。この条項はもともと黒人奴隷の解放後、彼らの身分保障のために設けられたものなのですが、条文中の「人」には

「法人」も含まれるという大企業の主張が認められるようになり、法人の自由権や財産権が自然人と同様に保障されることになったのです。この動きをコモンズは「憲法修正第一四条の曲解」と非難したのです。

で後段です。アメリカでも株式会社等はうさんくさいものと思われていたので、ドラッカーは企業の出現が日本よりも遅れたと言うのですが、ではなぜ日本では企業がすんなり受け入れられたのか。それは彼が『新しい現実』で語った「藩の伝統」があったからではないでしょうか。

藩もある意味では一種の法人です。日本は、イギリスのように個人企業や小企業が資本主義をリードする期間を経ることなく、最初から大企業がリードしました。それは日本が後発の資本主義国家であったからなのですが、日本には法人をすんなりと受け入れる素地があったということが大きいと思います。

そしてもともと集団主義の社会でしたから個人企業よりも法人企業のほうが信用されるのです。藩に所属していない武士は「浪人」と呼ばれ信用されませんでした。

かつて「鈴木商店」という商社が神戸にありました。昭和2年の金融恐慌で倒産してしまいますが、大正時代には三井物産や三菱商事を上回る売上を計上したこともある大商社でした。「鈴木商店」というと個人企業のようですが、れっきとした法人企業でした。1874年（明治7年）に個人企業として開店しますが、28年後の1902年（明治35年）には合名会社になっています。世界最大の投資銀行（証券会社）ゴールドマン・サックスは１８６９年の創業ですが、会社組織になったのは１９９９年で、創業以来１３０年も個人商店であったのです。

ゴールドマン・サックスがずっと個人商店であったのは税制の問題とか情報公開の問題などによるものですが、鈴木商店と好対照をなすのは、日本と欧米の法人観の相違もあると思われます。

❑ 公の利益と私の利益

藩の伝統といえば「公」が優先されるということをまず言わなければなりません。日本の会社が藩の伝統を引き継いでいるとすれば日本の企業も「公」を優先する気風があるはずです。ドラッカーはそのことに気がついていました。

> 戦後の日本の大企業は、（一九二〇年代、三〇年代の頃とは異なり）「事業にとって良いことは何か」ではなく、「日本にとって良いことはなにか」から出発した。
>
> そしてその後で、いかにその全体の利益に沿って事業を展開していくべきかを考えた。日本の企業は、国の復興期にあって、まさに、政治的責任から出発していた。
>
> 日本の成功の本当の秘密は、官僚支配ではなく、まさにここにあった。
>
> 『新しい現実』

ドラッカーは、この後で、日本でもドイツでも敗戦から立ち直ると企業の政治的責任も影をひそめてしまった、と書いています。そのことはさておいて、日本が成功したのは官僚が主導したからではなく企業が政治的責任を果たしたからだというドラッカーの指摘には頷けるものがあります。

ただし英米ではあまり賛同を得られないかもしれません。企業が公益に配慮するというのは英米の伝統的経済思想と相容れないからです。アダム・スミスは『国富論』でこう語ります。

社会の利益のためにやると気取っている輩が多少とも役に立つことをした例を私は知らない。

（THE WEALTH OF NATIONS BOOK IV CHAPTER II　訳は庄司）

これが、英米の伝統的な経済思想なのです。現在では、スミスやマンデヴィルのように露骨に公益を無視してよいと明言する人はほとんどいませんが、公益を優先するという思想は依然として支配的ではありません。ところが、日本では、公益か私益かはあまり問題にはならないのです。

真の商業を営むは私利私欲ではなく、即ち公利公益であると思う。或る事業を行って得た私の利益というものは即ち公の利益にもなり、又公の利益になることを行えば、それが一家の私利にもなるということが真の商業の本体である。

これは渋沢栄一の『青淵百話』「二五　商業の真意義」の一節です（新字体、現代仮名遣いに改めました）。渋沢の経済思想イコール日本の経済思想というわけではありませんが、日本では公の利益と私の利益は調和すると考えられていると言っていいでしょう。江戸時代の思想家、石田梅岩も『都鄙問答』で、「日本でも中国でも、商売によって利益を得ることは、世の中の定めです。商人が利益を得てその仕事をはたせば、おのずから世間の役に立ちます。」と語っています。

渋沢は石田梅岩を読んでいたのでしょうか。されはさておき、『青淵百話』が出版されたのは大正2年ですが、それから約40年後の１９５４年にドラッカーも公益と私益について語っています。仲正の『思想家ドラッカーを読む』から引用します。

> 自らの利益を公益に従属させるだけでは十分ではない。まさに公益を自らの利益とすることによって、公益と私益の調和を実現しなければならない。
>
> 『現代の経営』

渋沢の見解と類似しています。驚くほどです。『現代の経営』が刊行されたのは1954年ですが、この時点でドラッカーが渋沢の『青淵百話』を読んでいたとは考えにくく、渋沢とは無関係にこのような考え方に至ったのでしょう。ドラッカーは1959年に初めて来日します。その後何度か来日して渋沢のことを知るようになるのです。あるいはそれ以前から知っていたかもしれませんが、渋沢のことを詳しく知るようになって、日本資本主義の父と呼ばれた人物が自分と同じような思想の持ち主であったことに意を強くしたにちがいありません。

上田惇生は『ドラッカー入門』で、ドラッカーは、福沢諭吉、岩崎弥太郎、澁澤榮一から多くを教えられたと言い、「澁澤榮一こそ、一九世紀から二〇世紀にかけての世界の偉人の一人であり、偉大な明治人だった」と言ったと書いています。ドラッカーは西欧の先達からだけでなく日本人からも学んだと明言しているのです。そのなかでも特に渋沢を高く評価しているのです。

岩崎弥太郎（一八三四－八五）と渋沢栄一（一八四〇－一九三一）の名は、国外では、わずかの日本研究家が知るだけである。しかしながら彼らの偉業は、ロスチャイルド、モルガン、クルップ、ロックフェラーを凌ぐ。

『断絶の時代』

ここでは、岩崎弥太郎と渋沢栄一の二人のしたことを「偉業」として高く評価しているのですが、先に見たとおり、『マネジメント』では岩崎弥太郎をまったく評価していません。書かれた時期が異なるので岩崎弥太郎に対する評価が変化したのかもしれませんが、こういう見方もできるかもしれません。

ドラッカーは『断絶の時代』で、「岩崎は資金を説いた。渋沢は人材を説いた。」と書いています。つまり、弥太郎は「マネジメントというものを信じなかった」が、資本形成ということについてはロスチャイルドらを凌いだ、と。

私は褒めすぎではないかと思いますが、渋沢については褒めすぎだとは思いません。というよりは、渋沢が成し遂げたことは、ロスチャイルド、モルガン、クルップ、ロックフェラーと比較できないものだと思うのです。

ロスチャイルドらはいわゆる財閥を形成しましたが、渋沢は財閥をつくることはありませんでした。資本の蓄積に失敗したわけではありません。私財を貯えようと思えばできたのです。でもあえてそれをしなかった。たとえばロスチャイルドは投機によって資産を増やしていきましたが、渋沢は投機を嫌っていました。経営史家の野田正穂の『日本証券市場成立史』（有斐閣、1980年）にはこんな記述があります。

渋沢栄一は「私は主義として（略）絶対に投機並びに之に類似するものには一切手を染

めぬ決心なので、設立後には全然関係を絶ち株主たる事さへも之を避けた」と述べていた。事実、渋沢栄一はその後株を処分し、一八八六（明治一九）年一〇月、最後に残った一〇株を売却することにより、株式取引所との関係をまったく絶ったのである。

渋沢は数百もの会社を設立しましたが、それらの会社の株を持つことはありませんでした。日本資本主義の父は株式を避けていたのです。このような渋沢の態度が、実は当時の風潮であって、日本で証券市場の発達が遅れたと私は考えているのですが、それはさておいて、とにかく渋沢という人は、世界の日本の大富豪とはまったく異質の人だったのです。

宮本又郎によれば、明治期の評論家、山路愛山は、「渋沢男（爵）は経国済民の念を以って起ちたるものなり。**其人は始めより公の人にして其事業は公の事業なり。**安田氏に至りては私の人にて其大なる富は即ち安田家一家の富のみ。二氏を同じ種類の金持ちと思うは全く非なるに似たり。」（『日本の近代11　企業家たちの挑戦』から。太字処理は庄司による）と述べたそうです。

「安田氏」とは安田財閥の創始者安田善次郎のことです。当時から、渋沢は「公」、安田は「私」という評価が定着していたようです。「私」を追求するのは日本では評判が悪く、安田善次郎は右翼に暗殺されてしまいます。しかし、安田は晩年には各所に多額の寄付をするなど社会貢献事業を行っています。東京大学の安田講堂は、その名からわかるとおり安田の寄付によって建てられたものです。

　明治期の財界人は渋沢ほどでなくても、企業経営にあたっては、公、国家を意識していました。たとえば住友合資会社の総理事であった伊庭貞剛は、後に総理事となる小倉正恆が住友に入社した翌年にアメリカ留学を命ずるのですが、そのときに小倉に、「国家のために勉強してこい、国家のためならば帰国後あえて住友に戻る必要がない」と言ったそうです（『日本の近代11　企業家たちの挑戦』から）。英米の企業経営者は絶対にこんなことは言わないでしょう。

5　リーダーの資質再論

❑人材育成

　ところで、ドラッカーは、渋沢を「公の人」としてよりも、渋沢が人材育成を重視したことを高く評価しているのです。

> 　渋沢自身、五〇年にわたって無給の指南役として活躍を続けた。多くの実業家、官僚の相談に乗り、指導した。経済団体をつくり、教育訓練にたずさわり、あらゆる種類の講座、セミナー、討論会を組織した。岩崎が企業群を残したのに対し、渋沢は一流大学の一橋を残した。

岩崎弥太郎も先に述べたとおり人材育成には熱心だったのですが、囲みにあるような渋沢の功績とはまったく無縁でした。だから「岩崎は資金」、「渋沢は人材」という見方になるのでしょうが、このドラッカーの見方は簡潔すぎる感じがします。誤りとまでは言いませんが、岩崎と渋沢の比較であれば「岩崎は私」、「渋沢は公」と言うべきではないかと思います。もちろん渋沢が人材を説いたことは否定しえませんが。

岩崎と渋沢の比較に関しては、ドラッカーは単純化しすぎる傾向があるように思われます。彼は『断絶の時代』に、「岩崎が武士の出だったのに対し、渋沢は農家の出だった。」と書いています。これもまた誤りとは言い難いのですが、いやそれはですね、と言いたくなります。

岩崎弥太郎は地下浪人《じげろうにん》の子です。地下浪人とは土佐藩独特の身分制度です。元武士が郷士の資格を売って浪人となり、苗字帯刀は許されていたようですが、禄はもらえず農民として生計を立てていたのです。正式な武士ではありません。弥太郎は吉田東洋の塾で学び、彼の推薦によって藩職を得るのです。おそらく弥太郎には自分は武士の子だという意識はなかったのではないでしょうか。

渋沢家は、米作のほかに、藍玉の製造販売、養蚕業を営む豪農でした。ドラッカーの言うとおり、「渋沢は農家の出」なのです。しかし、栄一は幼少のころから四書五経、剣術を学ばされており、弥太郎とは逆に、自分は農民だという意識は薄かったのではないでしょうか。長じて平岡円四郎の推挙により一橋慶喜に仕えることになります。

その後の二人の行動、実績を見れば、ドラッカーが言う二人の出自はまったく逆のような感じをうけます。もっともドラッカーは日本経営史の専門家でもないし、日本の財閥史について論じているわけでもないので、彼の定式化に対する不満はこれぐらいにしておきましょう。

ドラッカーが強調したいことは経済発展における人材育成なのです。

> 金がなくても人がいれば山を動かせるが、人がいなければ金があっても役には立たない。経済発展のためには、人材の育成とその機会への登用が必要である。優れたリーダーとともに、そのリーダーのビジョンを現実のものにすることのできるフォロワーが必要である。
> 今日、渋沢のような人物は見当たらない。しかしわれわれは、彼が一〇〇年前に行ったことを組織の力で行うことができるはずである。
> 『断絶の時代』

「人がいなければ金があっても役には立たない。」嚙みしめるべき言葉です。ドラッカーは人間を重視するとこれまで再三述べてきましたが、経済発展のためには人材が必要であることを、彼は日本から学んだ、それが言い過ぎであるとするならば、自分の見解の正しさを渋沢が証明したと言っていいでしょう。

それにもかかわらず、現代の日本はどうでしょうか。かつて世界第二位であったＧＤＰは中国にもドイツにも抜かれ世界第四位になってしまいました。２０２５年にはインドにも抜かれると言われています。

日本経済はあきらかに停滞しています。その理由はいくつもあげることができますが、その一つとして、国全体として人材育成を怠った、学校教育政策の失敗があげられます。

日本の学校教育については、先に、「マネジメント各論」の「学校教育」でふれたので繰返しませんが、その結果が、日本の大学の世界ランクの低下にもあらわれています。

かつて故安倍首相が、「大学には理工系の学部だけでよく、文科系の学部はいらない」という趣旨の発言をしたことがあります。私はそれを聞いて唖然としたものです、私たちはこのような考え方のリーダーをいただいているのだと。

いつのまにか防衛費が教育費を上回ってしまったのですから、そういう国にはそういうリーダーがいて何の不思議もないということなのですね。「今日、渋沢のような人物は見当たらない。」そのとおりです。

❏ 老害をふりまかないこと

安倍元首相についてもう一言。故人を悪く言うのは日本の文化になじまないのかもしれませんが、私には安倍首相が国葬となるほど顕著な政治的功績をあげたとは思えないのです。自民党にとっては多大な貢献をした人ですから自民党葬であれば何の問題もないと思いますが国葬はどうか。俗にいう「モリカケ」や「桜を見る会」などの問題、新しいところでは安倍派閥パーティ収入の裏金問題など、それぞれについての論評は避けますが、これらの問題を引き起こした原因は長期政権であったことにつきます。長期政権は腐敗するのです。

企業についても同じことが言えます。一人の人間が長くリーダーの地位を占め続けるとあまりいいことはありません。「はじめに」で、企業は外部要因で倒産するのではなく内部要因、マネジメントの失敗で倒産すると言いました。長くトップにいると経営判断が狂ってくることはありがちです。ドラッカーも、高齢の役員は主要な管理責任から解放されるべきだと言っています。

> 高齢の役員は、「上司」になるよりは、自分だけでできる仕事に移るべきである。そうすれば、「マネージャー」として働くときよりも、意見を述べたり、アドバイスしたり、指導したり、基準を作ったり、論争を解決することに専念できる。日本には「相談役」がいる。彼らは非常に効率的である。80代となってもよく機能することが

ある。

The Daily Drucker　22 September

ある程度の年齢になったらマネジメントにかかわるべきではないとドラッカーは言っているのですが、日本の企業や官庁では定年近くなるとラインを外れることがふつうです。アメリカの企業ではどうなのか私はよく知らないのですが、ドラッカーがこう言っているところをみると、アメリカには日本ほど明確な退職プログラムがないのかもしれません。だとすれば、日本の慣行はドラッカーには望ましいものと映ったのでしょう。

先に言及した伊庭貞剛は、１９０４年（明治37年）に、「事業の進歩発達に最も害するものは、青年の過失ではなくて、老人の跋扈である」と述べ、57歳で総理事を辞しました（『日本の近代11　企業家たちの挑戦』から）。日本のリーダーがすべて伊庭のようであったとは言いません。むしろ「生涯現役」などと言いながら老害をふりまいていることに気がついていない人のほうが多いかもしれません。しかし伊庭の語ったことを悪く言う人はいないはずです。

伊庭は総理事を辞めたあと完全に引退しましたが、日本の組織において元役員がうまく機能することをドラッカーは観察していたのです。先にドラッカーが「木はてっぺんから枯れる」と言ったことを紹介しましたが、日本でも「鯛は頭から腐る」と言われるように、組織がよく機能しなくなる原因はトップあるいはリーダーたちにあることが多いのです。

ドラッカーはそのことをよく知っていました。渋沢栄一は多くの会社の設立にかかわりましたが、後年までその経営にかかわったのは第一銀行ぐらいで、その他の彼がかかわった会社のマネジメントに長くかかわることはありませんでした。このこともドラッカーが渋沢を高く評価した理由かもしれません。

6　明治期の日本

❏発展途上国のモデル

ドラッカーは、渋沢などの明治期の日本の経営者を高く評価していましたが、明治期の日本は彼にとってマネジメントの一つのモデルでした。先にドラッカーが「明治維新は西洋の日本化」だと言ったことを紹介しましたが、前掲『すでに起こった未来』でも第6章の「マネジメントの役割」で明治期の日本について言及しています。

彼は、100年前の日本は未開発国だったが優れたマネジメントを素早く生み出したと言い、こう続けます。

> 明治の日本は、二五年間で先進国の一つとなり、識字率をはじめとするいくつかの側面では、世界で最も発展した国となった。今日我々は、発展途上国が発展モデルと

すべきものは、一八世紀のイギリスではなく、ましてや一九世紀のドイツでもなく、明治の日本であることを知っている。

『すでに起こった未来』

明治の日本がなぜ発展途上国のモデルになりうるのでしょうか。

ドラッカーは、「マネジメントこそが原動力であり、発展は結果である。」と言っています。「経済的な生産要素、とくに資金しか供与されなかった途上国で、経済発展は見られなかった。」として、「経済的・社会的発展は、マネジメントの結果である。」と言うのです。

つまり、日本が発展したのは、明治以降に「優れたマネジメントを素早く生み出した」からなのです。それが発展途上国のモデルになるのです。

❑部品交換型文明

では、「優れたマネジメント」とは、どのようなことでしょうか。

私は、言語社会学者の鈴木孝夫が『日本人はなぜ日本を愛せないのか』(新潮選書、2006年)で展開した「部品交換型文明」の概念がこれに相当すると考えています。

鈴木は、明治維新を例にとり「部品交換型文明」を説明しています。明治新政府は「『脱亜入欧』のスローガンのもと、旧来の劣った日本のもの、中国伝来の古いものすべてを、日本が生き残るために、進んだ西洋のものと取り替え始めた」、たとえば、日本では千数百年もの長い間、仏教の戒律に従って家畜の肉は食べなかったが肉食を始めた、一方イスラム諸国では豚肉は食べない、インドでも牛は食べないという宗教の戒律は今でも守られている、としてこう言っています。

日本人はこのように自分たちの社会の物質的な進歩発展に役立つと思うものは、固有の文化や宗教伝統に反するものでもためらわずに取り入れ、古くて効率が悪いと思えば長年の風俗習慣でさえも平気で捨ててしまえるところがあります。

鈴木は、西洋諸国よりも遥か先に大文明を築き、高い文化水準を誇っていたイスラムやインド、そして中国が近代になってヨーロッパの植民地になってしまったのは、「これら老大国は、活力を失っても自前の大文明への自信と誇りを捨てることができずに、新興西洋諸国を成り上がりの『野蛮国』と馬鹿にして、そこから学ぶことをしなかったからです。」と言い、さらにこう言います。

ところが日本は違いました。強力な西洋文明と出会ったときに、相手の持つ良いと思うものは拒まずに何でも進んで学び、ためらわず旧来の劣ったものと取り替えるという自己改革を徹底して行ったのです。だから日本のことを、わたしは部品交換型文明と名付けたのです。

大事なことは部品を交換したということです。すべてを変えてしまったわけではないのです。鈴木はここで宗教についてはふれていないので余計なことかもしれませんが、宗教について少しふれます。

明治新政府は、「脱亜入欧」といっても、日本の国教をキリスト教にすることはありませんでした。西洋化の仕上げはキリスト教国家になることです。しかし明治新政府は日本古来の神道を国家宗教としたのです。さまざまな仕組みは取り入れましたが、精神的には昔のままでした。全面交換ではないから部品交換型文明なのです。

ドラッカーが「日本の西洋化」ではなく「西洋の日本化」と言ったのはこのような意味なのです。「西洋の日本化」と「部品交換型文明」は同じことなのです。「部品交換型文明」のポイントは、古いものを捨てることです。「古いものを捨てる」、これこそマネジメントの要点です。

私は先にドラッカーのマネジメント論の形成に日本が貢献したことはほとんどないと書きましたが、古いものを捨てる、ということに関しては、ドラッカーは明治維新からヒントをえたかもしれません、と言いたいのですが、おそらくそうではないでしょう。しかし、明治期の日本が、彼の見解の正しさを証明しているということは言えると思います。

7　組織の永続性

❑ 会社の買収

先にリーダーの資質について論じました。組織、特に企業であれば、リーダー、役員に期待されることは企業の維持、発展でしょう。これは日本ではごく当然のことと思われているはずです。日本では企業は永続すべきものと思われているからです。しかしアメリカでは少しちがうかもしれません。アメリカではM＆A（企業買収）がさかんです。

日本でも後継者難の中小企業のためにM＆Aを活用しようという動きがありますがあまり活用されていないようです。M＆Aは日本の企業文化になじまないというのは言い過ぎかもしれませんが、浸透するにはまだ時間がかかりそうです。

アメリカではM＆Aは日常茶飯事であって、企業は売り買いされる存在と思われているのです。しかし、ドラッカーは、アメリカのそのような企業文化に批判的であるように私には思われます。

> 敵対的企業買収が資源の効率的配分につながるなどという議論は、到底正当化することができない。敵対的企業買収のほとんどはレイダー（乗っ取り屋）の私利私欲以外なんらの目的ももたない。

敵対的企業買収は、経済にとってあまりに悪いことであって、われわれはなんとしてでもこれに終止符を打たなければならない。

『マネジメント・フロンティア』

私は『マネジメント・フロンティア』という論文を読んでおらず、これは上田の『ドラッカー入門』から引用しています。その上田は、この箇所のあとに、「ドラッカーは、敵対的企業買収によって経営がよくなった例は、買収した側、買収された側ともにアメリカではほとんどないという。**敵対的ならざる買収でさえ、成功するのは、買収する側が買収される側に大きな貢献を行えるときだけだという。**」（太字処理は庄司による）と書いています。

ドラッカーはここで敵対的企業買収を批判しているのであって、企業買収一般を批判しているわけではありませんが、「敵対的ならざる買収でさえ」とコメントしていることから企業買収一般もよく思っていなかったことはたしかです。その理由の一端が『マネジメント・フロンティア』に示されています。

企業に働く従業員は、敵対的企業買収は、自分たちを人としてはもとより資源としてさえ扱わず、単なるものとしか扱わないと感じ取っている。

ここにもドラッカーの人間重視の考え方が現われています。企業買収は、ドラッカーの人間重視の考え方となじまないのです。

日本企業も人間重視であることはこれまで述べてきたとおりです。日本で企業買収がアメリカほど行われない理由の一つに、人間重視の考え方があるということはあげられるでしょう。

企業買収については、日本企業は独自の対策をとってきました。「株式の相互持合い」がそれです。A社がB社の株の一定割合を所有する、そしてB社もまたA社の株の一定割合を所有するという、お互いに株を持ち合うシステムです。

このシステムは、バブル崩壊後の株価低落により、崩れてしまいましたが、それまでは外資による敵対的買収の対策として効果をあげてきたことは事実です。「株式の相互持合い」は海外では見られない日本独自のものです。ただし、それはいびつな資本主義としてあまり評価されなかったことも事実です。

「株式の相互持合い」を邪道と見るか、やむをえなかったと考えるかは、会社観の相違の問題だと思います。海外、特に英米では会社は株主のものです。日本では、かつて松下幸之助が「会社は社会の公器である」と語ったように、会社はみんなのものなのです。ですからM＆Aなどによってかんたんに消滅したら困るのです。日本では会社は永続しなければならないのです。したがってギネスが認定する世界最古の企業は日本にあるのです。

❑歴史のある企業

ドラッカーが「株式の相互持合い」をどう評価していたか私は知りません。しかし、日本の企業が英米の企業よりも長く存続している、長く存続することを目標としているということは評価していたと思います。

組織は永続できなければならない。同時に新陳代謝できなければならない。
『マネジメント』

これは『マネジメント』の「組織の条件」の一節です。キーワードは「永続」と「新陳代謝」ですが、「新陳代謝」のほうに多くの力点があることはたしかです。しかし、「永続」という言葉に私は注目します。「組織は永続できなければならない。」と言ったのが日本人なら別に驚きはしません。欧米の文化のバックグラウンドを持っているはずのドラッカーがこう言うのは驚きです。

欧米の文化の基礎はキリスト教です。私たちは「無限」とか「永遠」という言葉をよく口にしますが、キリスト教では、物事には始めと終わりがあるとされているのです。「物事には始めと終わりがある」なんてあたりまえのことだろうと思われるかもしれませんが、昔の日本人はそのようなことは考えもしませんでした。物事は繰り返されて永遠に続くと思われていたのです。日本人が「物事には始めと終わりがある」と考えるようになったのは明治以降にキリスト教から教わったからです。

キリスト教の思想を詳述するのは避けますが、とにかく欧米では物事は有限なのです。永続する組織などありえないのです。特に会社はそうです。永続する会社などありえない、彼らはそう考えます。

イギリスでは株式会社の数が少ないこと、アダム・スミスが株式会社をうさんくさいものと考えていたことは先に述べましたが、たとえば初期の東インド会社は、航海のつど出資を募り、航海を終えると配当を出し、清算してしまうことを繰り返していました。英米では株式会社は当初の目的を達成してしまえば解散するというのがふつうだったのです。

ですから昔の英米の会社は存続期限を定めていました。１７９１年にアメリカ最初の中央銀行であるBank of the United States合衆国銀行が創設されました。この合衆国銀行は存続期間を20年としていました。20年後の１８１１年に存続延長は認められず、合衆国銀行は解散することになりました。１８１６年に再度合衆国銀行に免許が与えられますが、この「第二合衆国銀行」も存続期間を20年と定めていました。１８３６年に第七代大統領アンドリュー・ジャクソンは存続に反対し延長は認められませんでした。アメリカの中央銀行に当たる連邦準備銀行の制度が確立したのは、日本銀行の設立から31年後の１９１３年です。

合衆国銀行だけでなくイングランド銀行も日本銀行も存続期間を定めていました。銀行だけでなく以前の企業は存続期間を定めていました。私は昭和50年代の初めに当時の国民金融公庫（現・日本政策金融公庫）で融資の仕事を始めました。当時はまだ存続期間を定めている企業がかなりあって、法人登記簿で存続期間を確認し、融資期間が存続期間を超えていないかを確認することは当時の融資審査のチェック項目の一つでした。現在は存続期間を定めている企業はほとんどありません。

日本の企業がかつて存続期間を定めていたのはアメリカ会社法を無批判に受け入れていたからだと私は考えていますが、日本にはなじまない考え方であったと思われます。しかし、英米ではそうではなかった、会社はいずれなくなるものだと考えられていたのです。ですから、アメリカ人であるドラッカーの「組織は永続できなければならない」という見解は実にユニークなものなのです。

ドラッカーが金剛組や西山温泉慶雲館や法師を知っていたかどうかわかりませんが、日本には歴史のある企業がたくさんあることは知っていたと思います。それらの企業が日本資本主義を牽引していたわけではありませんが、業歴のある企業が多いということが日本資本主義の特徴の一つである安定性に大きく貢献していることは事実です。ドラッカーは、日本企業のそのようなパフォーマンスを観察して前記の見解を得たのだと私は考えています。

8　日本美術とドラッカー

❏日本美術の二極性

ドラッカーと日本の関係を考えるときには、どうしてもドラッカーが日本画の大の愛好者であったことにふれないわけにはいきません。

彼が日本画に出会ったのはまったくの偶然です。1934年、彼はロンドンにあるマーチャントバンクで働いていました。あるとき急に雨に降られて、雨宿りのために画廊に飛び込みます。そこで見た日本画に彼は魅せられてしまうのです。

上田は前掲『ドラッカー入門』で「そもそも、ドラッカーがヨーロッパを離れてアメリカに移住した一つの理由が、ボストンとワシントンにある日本画コレクションに惹かれてのことだったとの打ち明け話がある。」と書いています。ドラッカーが初めて来日したのは1959年で、目的は講演、セミナーということになっていますが、実は日本画を見るためでした。

水墨画を中心とした彼のコレクションは日本で巡回展が行われたほどでした。クレアモント大学では日本美術について講義をしましたし、日本美術についての論文も発表しています。

前掲『すでに起こった未来』には、「日本画に見る日本」というタイトルの日本美術についての論文が掲載されています。ドラッカーは、そこで、狩野山楽、俵屋宗達、尾形光琳の作品について言及しています。彼らは日本画の単純化を代表する厳粛なまでに洗練された作品を残したかと思うと、一方では屏風に描かれた、金、銀、その他派手な色を使った装飾的で壮麗な作品を残した、と彼は書きます。ところが「西洋の考えでは、芸術家たるものは、一五世紀の風景画の簡素な無の空間か、鑑貞の花鳥画や山楽の屏風の装飾的で色彩豊かな構図の、いずれか一方に魅かれるべきものである。両方ということはありえない」らしいのです。そう言われれば、美術の教科書に出てくる西欧の著名な画家の作風は一貫していたような気がします。たしかに西欧では「両方ということはありえない」のかもしれません。「しかし日本では、その両方が、同じ人間がもつべき必要不可欠な心的緊張であり、二極性の表現なのである。」とドラッカーは言います。

彼は京都の二条城と桂離宮を二極性のわかりやすい例としてあげています。さらに日光東照宮にも言及します。

> また、一七世紀に建てられた徳川初代将軍の墓所、日光東照宮に見られる過度とも言うべき装飾は、バロック趣味の目にも過剰である。しかしこの同じ将軍が、自分の城ではまったく簡素に暮らしていた。
>
> 日本では二極が共存する。しかし、そこにあるのは対立ではなく、北極があれば南極もあるという二極性による緊張である。
>
> 「日本画に見る日本」

私たちは自分たちの文化に二極性があるということをほとんど意識していません。それはドラッカーが言うように「対立ではな」いからです。私たちは身の回りに極があるのは当然だと思っています。実はそれが日本文化の、社会の特徴だとドラッカーは言うのです。それは当然日本の組織、企業にも見られるものです。

西洋では、組織は専制的であるか民主的であるかのいずれかである。しかし日本では、そのどちらでもある。

「日本画に見る日本」

どんな組織にも専制的なところもあるし民主的なところもあると私は思っていたのですが、どうも西洋ではそうではないようです。西洋は徹底した二元論の社会だと言えるかもしれません。

ドラッカーは、日本の組織や政府機関における意思決定に注目します。「日本の企業や政府機関のトップは、条件や留保なしに命令を実行させることはできるが、実際の意思決定はすべて下から上へと上がり、全体の意思として決定される。」と彼は言います。

「条件や留保なしに命令を実行させることはできる」というのが「専制的」であり、「意思決定はすべて下から上へと上が」るのが「民主的」だというわけです。日本にもいわゆる「ワンマン経営者」は存在し、「専制的」経営が行われている企業もあると思われますが、多くの企業では、意思決定は「全体の意思として決定される」のです。そこには対立のない二極があるのです。

> 日本の組織はすべて、西洋的基準からすれば専制主義の極にありつつ、かつ参加型民主主義の極にある。この二極性は弁証法的ではない。より高位の命題に止揚されることもなければ、一方の原理が他方の原理を制することもない。中国の陰陽の二元論でもない。日本では、北極と南極を混合することがないように、それらの原理を混合することはない。
>
> 「日本画に見る日本」

ドラッカーは、日本画にしても日本人の生活にしてもそれを理解するためには二極性を見る必要があると言います。そして、「それらの二極性こそ、日本の本質である。そして私の知るかぎり、それは日本でしか見られないものである。」と言うのです。

❏日本の特殊性

ドラッカーは、日本の二極性は日本でしか見られない、つまり、それが日本の特殊性なのだと言っているわけです。欧米の学者、社会科学系の学者にしては意外な発言です。というのは、欧米の社会科学系の学者は、自分たちの社会システムが最良のシステムと考えており、それに合致しないシステムは遅れているものとみなし評価しないのです。自分たちのシステム以外で、よく機能するシステムがあるとは認めたくないのです。

日本の経済学者は、戦前のマルクス主義経済学者も、現代の理論経済学者も、日本の社会経済システムは英米のそれに比べて遅れているものと考えていました、高度成長を成し遂げ、経済大国になったにもかかわらずです。しかしドラッカーは「日本でしか見られないもの」としてそのユニークさを評価していたのです。

社会経済システムでは遅れていると考える一方で、日本の文化は日本人は特殊なのだと私たちは考えています。

「日本画に見る日本」

仕事のために日本を訪れる欧米人は、たとえば大学に講義をしに行く教授や、契約の交渉に行く企業人は、「我々日本人は」という言葉をよく聞かされる。この非常によく使われる言葉は、「我々日本人は、あまりにも異なっており、あなたには理解できないでしょうが」という意味をもつ。

これもまた『すでに起こった未来』の「日本画に見る日本」からの一節ですが、これを読んで長年の疑問が氷解しました。

私は二十代のころに東京四谷の日米会話学院で英語を学んでいたことがあります。そこで私はほとんど無意識に、よく、We Japanese と書いていたのですが、あるときにアメリカ人の先生から、この書き出しはよくないと注意されたことがあります。

We か Japanese のどちらか一つでよいと言うのです。最初はその先生の個人的嗜好であろうと思っていたのですが、他の先生も同じことを言うのです。私は語学は理屈ではなく、そういうものかと思って覚えるしかないと考えていたので、理由を質すことをせずに、そう書くのはやめにしたのですが、なぜなのだろうとは思っていたのです。

そうだったんですね。私は先生に向かって、「あなたには理解できないでしょうが」と言っていたことになります。もちろんそんなつもりはまったくなかったのですが。外国人には We Japanese という表現は不愉快だったのです。

ところで、ドラッカーは、「『我々日本人は』という言葉は、単に『日本の人間は』という意味ではない。それは、『我々日本の国土に属するものは』という意味である。」と書いています。はたしてそうでしょうか。少なくとも私に関するかぎりは、「我々日本人は」と言うとき「日本の国土」を意識したことはありません。他の人もそうではないかと思うのですが。

ドラッカーがそう断定する根拠は何でしょうか。それは日本の風景画なのです。

彼は、日本の風景画には人物がいない、あるいは人間が自然に従属していると言います。だから、「我々日本人は」という言葉は「我々日本の国土に属するものは」という意味になるのだ、と彼は言います。これでもまだわかりにくい。もう少し読み進めてみましょう。

日本の風景画は日本の芸術の真髄である。日本の風景が日本人の心をつくってきたからである。

（略）

日本の田舎を旅してみれば、たしかに、その風景は日本の画家が描いているものに似ている。しかし、実際の日本の風景は、日本の画家が描いている風景ではない。地球上のいかなる風景も彼らの描く風景ではない。日本画に描かれている風景とは、心象風景そのものである。

「日本画に見る日本」

そして、「日本画の風景における日本人の感覚は、神道的なものの一部である。」と言うのです。さらに「神道の意味を西洋人が理解することは不可能である。」と続けます。ドラッカーの言いたいことがだんだんわかってきたような気がします。

神道では森羅万象ありとあらゆるものに神が宿るとされます。神と自然は一体なのです。人間は神に逆らえない、つまり自然には逆らえない。人間は自然に従属するのです。

ユダヤ・キリスト教の一神教の世界では、自然も人間もありとあらゆるものは神の創造物です。旧約聖書イザヤ書40章に、かつてマーティン・ルーサー・キング牧師が「私には夢がある」と語った有名な演説でも引用した、「すべての谷は高くされ、すべての丘と山は低くされる。険しい道は平らかに、曲がりくねった道はまっすぐになる。主の栄光がこうして現れるのを人間は共に見る。」という一節があります。

ユダヤ・キリスト教徒は神にまみえるために自然を改造しなければならないのです。神道にはこのような発想はありません、自然が神なのですから。

日本人が自然に手を入れる理由はいくつかあって、主なものは経済的利益を得るためだと思われますが、欧米では、主の栄光が現われるのを見るためでもあると考えられているのかもしれません。

話が少し飛躍しすぎたようです。日本の風景画に戻りましょう。

ドラッカーは、「日本画に描かれている風景とは、心象風景そのものである」と言いましたが、「それらの風景は、言うなれば日本そのものである。」とも言っています。彼は、日本画を通じて日本人と日本の自然が一体であることを発見したのです。

日本人と日本の自然が一体であるならば、「我々日本人は」という言葉が「我々日本という国土に属するものは」という意味になることは理解できます。

❑ 位相学

人間と自然が一体であること、あるいは人間が自然に従属していること、これが神道的感覚であり、日本の特殊性なのですが、その特殊性をドラッカーに、もう少し具体的に、やはり日本美術から説明してもらいましょう。

ドラッカーは、日本人の美意識を西洋や中国の美意識と比較するために、それぞれの絵画の特徴を次のようにまとめています。

西洋絵画は、幾何学 Geometry である
中国絵画は、代数 Algebra である
日本絵画は、位相学 Topology である

難しいですね。西洋絵画が幾何学というのはなんとなくわかるのですが、中国絵画が代数だというのはよくわかりません。日本画が位相学だというのにいたってはもうお手上げです。そもそもTopologyというのが私はよくわかっていないのです。

ドラッカーは、「日本画は空間が支配する。空間の部分が多いということではない。空間が絵の構図を決めている」とし、これが日本画の特徴であると言います。ドラッカーによれば、「位相は、形と線が空間によって規定される。したがって、直線と曲線の区別がないという面

と空間の特性を扱」う、「位相は角度や渦巻や境界線を扱う。それは、空間を規定するものではなく、空間が規定するものを扱う」と言うことです。

そして、日本の画家は、「まず空間を見て、次に線を見る。線からスタートすることはない。」と言います。たしかに伝統的な日本画には空間がありますね。人物や動物がテーマになる絵なら、西洋画では背景が描きこまれますが、日本画では何も描きこまれない空間がありますす。日本画における空間の重視、これが、ドラッカーの言う「日本画は位相的」の意味だと思います。

日本画は装飾的であると言われますが、ドラッカーによれば、それはまちがいで、「正しくは構図的と言うべきである。」ということです。

> そして、この日本画における本能的とも言える構図的傾向が、中国では美術的にも社会的にも別個のものとして扱われている陶器と漆器と絵画を、日本では密接にかかわり合うものとする原因になっている。まさにこの構図志向は、日本人のものの見方が幾何学的遠近や、代数学的比例ではなく、位相的構図であることからきている。
>
> 「日本画に見る日本」

ドラッカーは、中国では陶器と漆器と絵画は別物とされていると言っていますが、おそらく欧米でもそうです。日本だけが例外なのです。

日本では陶芸家、たとえば北大路魯山人、濱田庄司、河井寛次郎などは高名な画家と同列の芸術家とみなされています。しかし、欧米では陶芸家は職人であって芸術家ではありません。ceramistあるいはpotterという英語は陶芸家というよりは陶工と訳した方がいいでしょう。陶芸家にあたる言葉は英語にはないと言ってもいいかもしれません。

陶器、漆器、絵画は日本では密接にかかわり合っているのです。北大路魯山人も河井寛次郎も陶芸家であると同時に画家でもありました。陶器、漆器、絵画が密接にかかわり合っている、これが日本独特の美意識なのです。それをドラッカーは位相的と呼んだのです。

❑ 継続学習

ドラッカーの日本画を見る視点は、日本画を「位相的」としたことからもわかるように、実にユニークなものです。美術評論家とはまったく異なった視点で日本画を見ているのです。

ドラッカーは、「日本画に見る日本」で、白隠禅師が達磨を描くのにどれだけ時間がかかったかを聞かれて、「十分と八十年」と答えた話を紹介しています。

西洋の芸術家に聞いても同じ答えが返ってくるだろうが、白隠の答えは西洋のそれとは意味合いが違うとドラッカーは言います。すなわち、西洋の芸術家の言う80年は技術の達成のための練習の時間であるが、白隠の80年は達磨を描ける人間になるための精神的な修行の時間なのだと言うのです。

ドラッカーによれば、達磨は神ではなく聖人でもなく人間であるが、「しかし彼は、人間の可能性を究め、精神的な力を会得し、自らを精神的な存在に変えた人間」なのです。ですから、「達磨に象徴される精神的な人間となりえた者だけが、達磨を描」くことができると言うのです。

昔の禅僧が言いそうなことで、現代のマネジメントを論ずるアメリカ人学者の言うことだとは思えません。さらにドラッカーは狩野探幽や長沢蘆雪の描いた達磨は白隠の描いた達磨に比べて、「人を惹きつける精神性や力はない。」とまで断定するのです。

彼は「十分と八十年」について、さらに独特の見解を述べます。それは、「『十分と八十年』という言葉は、日本人に特有の継続学習の考えを表している。」ということです。「継続学習」が日本人に特有なものだとは知りませんでした。彼は「西洋や中国では、次の職業の準備として、あるいは昇進のために、あるいは新しいことに挑戦するために学習する。」と書きます。そして、「しかし禅では、すでにできることを、さらにできるようにするために学習する。」と続けます。「もちろん、西洋でも芸術家は同じことをする。」として、カザルスが90歳を超えてもバッハのチェロ組曲を練習し続けたことをあげます。「しかし西洋や中国では、そうするのは芸術家だけである。」とドラッカーは言います。

日本の商社には、今日に至るも、綿花や木工機械の優れた専門家がいる。昇給するし昇進もするが、ずっと綿花や木工機械を担当し、毎年、実力をつけていく。日本では、工場でも継続学習が行われている。年功によって昇給はしていくが、同じ仕事をつづけ、さらにその仕事を改善していくために毎週会合に出る。

「日本画に見る日本」

これは『マネジメント』や『現代の経営』や『経営者の条件』からの抜粋ではありません。「日本画に見る日本」からの抜粋です。ドラッカーは日本画を見て日本人の継続学習に気がついたのです。

『断絶の時代』に「日本では、経営陣さえ、退職の日まで、教育訓練を継続する。新しい知識と技能を身につける。」という記述があります。この箇所が１９６９年の初版時からあったのか１９８３年版で追加されたのか私は調べていませんが、初版時からあったとすれば、「日本画に見る日本」が発表されたのは１９７９年ですから、「継続学習」について言及されたのは『断絶の時代』のほうが早いということになります。

しかし、『断絶の時代』を発表する前から、ドラッカーは、日本画を見て日本の特殊性に考えをめぐらせていたのではなかったかと私は考えています。

❑ 知覚的であるということ

どちらが先かということはさほど問題ではありません。大事なことは、ドラッカーが日本画を見て日本の特質を考え、それを彼の学問体系に活かしていったということです。これまで見てきたようにドラッカーは日本の特徴をいくつか語ってきましたが、最も重要なことは「日本は知覚的であるということ」だと思われます。

ドラッカーは、日本の画家が西洋の画家に先んじていた例をあげています。谷文晁は「光」そのものを主題にして月下の梅花を描いた、それは半世紀後にジョゼフ・ターナーやモネが行おうとしたことを先取りした、白隠の達磨は表現派時代のパブロ・ピカソ、アンリ・マチスと同じ表現派なのだと言うのです。

「西洋のモダニズムは日本の伝統のなかに予見されている。」とドラッカーは言い、「分析的概念に対置するものとしての知覚、描写に対する構図、幾何に対する位相、分析に対する形態は、実に一〇世紀以降の日本画における継続的な特性である。」と書きます。ここで重要なことは、「知覚」は「分析的概念」に対置されるものだということです。このことを押さえておいて先に進みましょう。

ドラッカーは、そう言ったあと、エドウィン・ライシャワーは、「『ザ・ジャパニーズ』において、日本は、第一級の偉大な思想家あるいは独創的な思想家を生み出していないと述べている。」と言い、「この評は、とくに日本では鋭い批判として受け取られた。しかし、ライシャワーが言おうとした趣旨は、日本の特質は分析的概念ではなく知覚にあるというところにあった。」と書いています。

そうでしょうか。ライシャワーは、たしかに『ザ・ジャパニーズ』で日本は「偉大な知的巨人を生み出してはいない」と書いています。彼はその理由をこう書いています。

日本人は分析の明晰さよりは微妙な綾や感受性に、理性よりは勘に、理論よりは実用に、偉大な知的概念よりは組織面での力量に傾斜してきた。言語による分析の明晰さや思想の独創性には、さしたる価値を認めてこなかったのである。言語によらない以心伝心的な理解を貴ぶあまりに、話しことばであれ書きことばであれ、言語を扱う能力や、鋭く気の利いた理詰めないき方は、しょせんは浅薄で、場合によっては相手を丸めこむための欺瞞とみなしてきた。

これを読むかぎりは、ライシャワーは、日本の特質は知覚にあるとは言っていません。では、ドラッカーが言っていることはまちがいでしょうか。まちがいではありません。「分析の明晰さよりは微妙な綾や感受性に」傾斜してきたということは分析よりも知覚、ということにほかなりません。

しかし、ライシャワーは知覚よりも日本の言語に対する考え方を重視しました。彼もドラッカーも「はじめに言葉ありき」の世界の人間でした。鈴木孝夫は、前掲『日本人はなぜ日本を愛せないのか』で、世界には「理屈や論理が物事の是非を決める重要な要素とされる文化と、理屈よりも事実のほうが大切だとする文化があるのです。」と書いています。ドラッカーもライシャワーも前者の文化に属する、つまり言語や論理を重視する人間です。

そのような人たちは、理屈よりも事実だとする人たちを見下す傾向があります。そして自分たちの文化を押しつけようとする傾向があります。しかし、ドラッカーもライシャワーもそのような傾向に乗る人ではありませんでした。彼らは自分たちとは異質のものが日本にあることを発見し、それを排除せず無視せず、特質として評価したのです。ライシャワーは日本の特質を歴史を研究することによって発見したのですが、ドラッカーは日本画を見ることによって発見したのです。ということはドラッカーもまた知覚的人間であったのかもしれません。それはともかく、両者とも日本の特質を無条件で礼賛しているわけではないということは留意しておかなければなりません。

❏特質としての知覚

ところでドラッカーは、日本の特質は知覚にあるといいましたが、実は日本語も知覚的な言語なのです。鈴木孝夫は前掲『日本人はなぜ日本を愛せないのか』で、日本語は「テレビ型言語」だと言っています。英語やフランス語など日本語以外のほとんどの言語は音声の中にすべての情報が含まれているので「ラジオ型言語」といえます（西欧の詩は韻を踏むことを意識して作られています。中国の漢詩も韻を踏みます。漢詩には、さらに平仄の原則もあるのです。つまり同じ漢字の国といっても中国語は音声を重視するラジオ型言語だと言えます。日本の詩歌では韻を踏むことはほとんど意識されていません）。

日本語には同音異義語がたくさんありますが、英語やフランス語には同音異義語はほとんどありません。二つの語が同音となって、混同あるいは誤解される恐れが生まれそうになると、自然とどちらか一方が使われなくなるからです。

これは「同音衝突回避の原理」として知られている現象ですが、日本語ではこのような現象は起こりません。ラジオ型言語の英語やフランス語では相手の話を理解する手がかりは耳で聞く音声だけですが、テレビ型言語の日本語では音声だけでなく視覚情報、文字表記をも併せて利用するからです。

鈴木の日本語の特質の説明はドラッカーが「日本の特質は知覚にある」と言ったことと相通ずるのです。

ところで日本人の外国語下手は誰もが認めることで、それには幾つかの理由があるのですが、その一つに外国語を視覚的にとらえてしまうということがあげられると思います。私たちの年代の者は、中学1年生で英語を教わったのですが、そのいっとう最初は、This is a pen. という綴りから入ったのです。音声ではなく、アルファベットの文字の組み合わせが英語だったのです。最近は大学入試にリスニングの問題があるようですが、私は中学、高校までリスニングの授業を受けたことがありませんでした。

だいぶ昔のことですが、英語を教えていたアメリカ人と話をしたことがあります。彼女の生徒は、彼女の話す言葉が理解できないと、必ず「それはどう綴りますか」と訊いてくるとこぼしていました。彼女は日本人が文字情報を頼りにすることが理解できなかったのですが、ドラッカーには理解できたでしょう。

ただし文字情報に頼りすぎると音声に無関心になることがあります。言語学者の田中克彦によれば、本（ホン）の「ン」には3とおりの発音があるということです。本棚（ホンダナ）の「ン」は舌の先が歯の裏についているから〔n〕の音、本箱（ホンバコ）の「ン」は両唇が合わさって〔m〕の音、本屋（ホンヤ）の「ン」は、鼻にかかる鼻母音です。つまり私たちは三つの「ン」を区別して発音しているのですが、ほとんどの人にとっては「ン」は「ン」であって、3とおりあると明確に意識している人はほとんどいないでしょう。しかし外国人は日本語の「ン」には三つの音があると知っているようです。

この田中の記述を読んだとき、私は日本人は外国人に比べて耳が悪いのではないかと思ったものです。しかしドラッカーを読んで、そうではないのだと考えを改めました。耳が悪いのではないのです。言語とは音声ではなく文字だと思っているのです。

田中はさらに「日本語にも室町時代の末頃までは『ジ』と『ヂ』、『ズ』と『ヅ』のような区別があり、ごく最近までその違いを維持していた方言もあったのである。」と書いています。これらの区別が消滅してしまったのは、「ぢ、づ」は「じ、ず」と表記すると定めた「現代仮名遣い」によるところが大きいと私は考えています。文字が音声を消してしまったのです。日本語に特有の現象と言っていいでしょう。

欧米の言語学は、まず音声ありきで、言語を研究するためには文字表記の知識は必要ないとします。文字は言語ではない、音声以外は言語ではないというのです。欧米の言語学を研究した田中は、日本語における漢字には否定的で漢字の廃止を主張しています。

これに反し鈴木孝夫は漢字の力を評価します。

鈴木は、「平均的な日本人ならば**水**族館や**水**素のような言葉に含まれる『スイ』が『みず』のことだと知らない人はまずいないだろう。」として、「ところがイギリス人や、アメリカ人の場合には、たとえ*hydrogen*や*hydrophobia*のような語を知っていても、その人々が*hydro-*が『水』のことだと理解しているとは限らないのである。」と書いています。少し補足しますと、**hydrophobia**は「恐水病」ですが、英語としてはかなり難しい言葉です。**hydro**が水をあらわすギリシャ語だと知っている高等教育を受けた人ならこの言葉を知らなくても、おおよその見当はつくでしょう。しかしほとんどの人には、その言葉を知らなければ、見当のつけようがない、まったく理解するてがかりがないのです。

日本人なら「恐水病」という言葉を知らなくても、この三つの漢字を眺めればおおよその見当はつくのです。「キョースイビョー」と言われて何のことかわからなくても漢字で書いてもらえれば理解できるのです。アメリカ人は「ハイドロフォービア」と言われてわからなければそれでおしまいです。綴りを訊くことはありません。hydrophobiaと綴りを理解したところで何の手助けにもならないのです。

鈴木はこのほかに、anthropology 人類学、chlorophyll 葉緑素、の例をあげています。鈴木がイギリス人の知人に確認したところ、大学出でなければanthropologyという言葉は知らないらしいのです。日本人なら「人類学」の詳細は知らなくても、人間のことを研究するものだということはわかるのです。chlorophyllは理科で習った人は別にして一般の英米人には何のことかわからないでしょう。日本人なら「葉緑素」と書けば理科で習わなくても、どうも植物に関係のある言葉らしいという想像はつくのです。

これが鈴木の言う漢字の力です。鈴木は、「日本語が漢字を豊富に使い、しかもそれを音と訓の二通りに読むという習慣を確立したことが、高級な概念や、難しい言葉を一部特権階級の独占物にしないですんでいる大きな原因なのである。」と書いています。

重要な指摘です。なぜ重要なのかを説明する前に、鈴木の言う「音読みと訓読み」についての説明が必要かもしれません。

hydroは水を表すギリシャ語です。英語ではwaterですね。ところがhydroはhydroであって、どうしたってwaterとは読めません。一方、日本では「スイ」と発音される「水」という中国語を「みず」という日本古来の言葉で読むことにしたのです。だから「水（スイ）」は「みず」のことだと直ちに理解できるのです。鈴木の言っていることはそういうことだと思います。

つまり日本語の世界では、英語の世界では高等教育を受けた人でなければ理解できない非常に難解な言葉でも、一般の人がある程度は理解できるのです。鈴木が言っている「難しい言葉を一部特権階級の独占物にしない」というのはそういう意味です。

言語とは音声であって文字は言語ではないという欧米の言語学はたぶん正しいのでしょう。しかし、ある思想、ものの考え方を学ぶためには文字として書かれたものを読むしかありません。明治以降、日本が西欧の思想、科学技術、文化を取り入れて速やかに自分のものとできたのは、多くの書物が日本語に翻訳され、広く普及されたからです。

漢字廃止論者や国語を英語やフランス語にしろと言う論者はこの事実を軽視しているのではないでしょうか。ここでは日本語論争に立ち入るつもりはありません。ただ文字を重視するテレビ型言語の日本語は、それほど悪くはないということだけは言っておきたいと思います。アジア諸国のなかで日本がいち早く先進国の仲間入りができたことには日本語も一役買っているということは言えると思います。

言語とは音声だという考え方に対して、言語とは文字だと考える文化があるのです。もちろん視覚だけでなく聴覚も知覚です。しかし日本の特質は知覚にあると言うとき、やはり聴覚よりも視覚が前に出るのです。

ドラッカーは近松門左衛門を評して、「その文楽、歌舞伎は高度に映画的である。」と言います。

> 彼の歌舞伎は、映画のための道具は何一つ使わずに、映画の技法を発明してしまっている。役者が不動のかたちをとる見得は、まさに映画のクローズアップである。
>
> 「日本画に見る日本」

ドラッカーは、近松の歌舞伎について、「登場人物は、何を言うかよりも、どう見えるかによって性格づけされる。誰も近松の台詞を引用しない。」と言っています。歌舞伎は演劇というよりは映画だ、ドラッカーはそう言っているように思います。

舞台演劇は西欧では長い歴史と伝統があって、俳優は身振り仕草と台詞によって思想や感情を表現するのですが、シェークスピアが良い例で、台詞が重視されます。彼の残した数々の表現が現代英語に与えた影響は計り知れないものがあります。

日本でも舞台演劇は歴史と伝統がありますが、台詞よりも俳優の身振り仕草が重視されました。歌舞伎の台詞が現代日本語でも使われることはありますが、現代英語におけるシェークスピアほどではありません。ドラッカーの言っていることはそういうことだと思います。歌舞伎は映画に近いのです。

日本では映画は昔から人気がありました。世界的に有名な映画監督も出ました。日本の映画は国際映画祭でも昔から高く評価され続けています。それに比べれば演劇は、特に西欧のように台詞が重視される舞台演劇は映画ほどには人気がなかったような気がします。

国際的な評価と言えば日本のアニメも同様です。私の世代は漫画と言って、「漫画ばかり見ていないで勉強しなさい」とよく言われたものですが、アニメと言われるようになってからは「漫画」が「くだらないもの」と見なされることはなくなりました。いまや日本のアニメは世界を席巻しています。家電や自動車にかわる日本の有力な輸出産業になっているのです。

アニメでは歌舞伎と同様、台詞はあまり重視されません。ストーリーは重要ですが、それよりも重視されるのが登場人物、キャラクターの描写なのです。それが日本のアニメでは特に秀でていて世界の人々を惹きつけたのです。

やはり日本の特質は知覚にあるのです。ドラッカーは「日本画に見る日本」の最後をこう締めくくっています。

> 日本の近代社会の成立と経済活動の発展の根底には、日本の伝統における知覚の能力がある。これによって日本は、外国である西洋の制度や製品の本質と形態を把握し、それらを再構成することができた。日本画から見た日本について言える最も重要なことは、日本は知覚的であるということである。

日本画を高く評価したのはドラッカーだけではありません。しかし、日本画から日本の経済的発展の要因を見出したのはドラッカーだけでしょう。あらためて彼の「社会生態学者」としての観察眼に感心するしかありません。

ところで、「日本の伝統における知覚の能力」と経済活動の発展の関係に気がついていたのは鈴木孝夫ぐらいで、私たちの大部分は、ドラッカーに指摘されて初めて、そうだったのかと思ったはずです。であれば、これは「ドラッカーに教えたこと」ではなく「ドラッカーに教わったこと」で書くべきであったかもしれません。

しかし、ドラッカーは、日本画を始めとする日本の伝統文化を通して日本の知覚の能力を発見したのです。やはり日本の伝統文化がドラッカーに教えたと言っていいと思います。

Ⅲ　ドラッカーをどう読むか

またまた変なタイトルです。「ドラッカーをどう読むか」などと大上段に振りかぶる必要はない、人それぞれの読み方があるはずですからね。でも日本におけるドラッカーの扱われ方には私にはどうしても違和感があるのです。

以下ではその「違和感」について書くことにします。

1　日本でのドラッカーの読まれ方

❏『経営者の条件』

ドラッカーはどんな人たちに読まれているか。彼の著作を好んで読む人は、おそらく企業経営者、企業の管理職、ビジネスマンなどでしょう。まあ、いわゆる平社員でも読む人はいるかと思いますが、いずれにしても企業と関わりのある人たちだと思います。いわゆる「自己啓発」のヒントとしてドラッカーを読む人もいますし、企業経営者はドラッカーを企業経営の指南役と見なしているように思われます。

たしかにドラッカーは企業のコンサルティングを行っていたこともありますし、経営者やビジネスマンの行動指針になりそうな*The Daily Drucker*（邦訳は『ドラッカー365の金言』）という本も出版しています。私も最初はドラッカーはビジネスマンを成功に導く教師のようにとらえていました。

しかし、彼の著作を読み進めていくうちに、どうも私は考え違いをしていることに気がつきました。彼は「マネジメントの研究に着手したのはビジネスに関心があったからではなかった。今日でもそれほどの関心はない。」と言っているのです。つまり、彼は企業経営者やビジネスマンのためだけに本を書いていたわけではないのです。

それでも、ドラッカーは、特に日本では、企業経営者やビジネスマンに好んで読まれました。ドラッカーの著作のほとんどを翻訳した上田惇生は2006年に『ドラッカー入門』という本を出しています。この本には「万人のための帝王学を求めて」というサブタイトルがついているのです。

上田は、『ドラッカー入門』の「ドラッカー主要著作解題」で『経営者の条件』について次のように書いています。

　プラトンからマキャベリにいたる賢人たちが時の支配者に教えたように、ドラッカーは現代社会の担い手たる普通の人たちに教える。万人のための帝王学として、今日も広く読まれている。

つまり、上田の著作のサブタイトルは『経営者の条件』についてのものなのです。

では、その『経営者の条件』を開いてみましょう。いきなり、「本書『経営者の条件』は、一九六六年、ドラッカー五六歳のときの著作である。組織の全員がエグゼクティブのように働くべきことを説く、万人のための帝王学である」という文言が飛び込んできます。そして最後に「訳者あとがき」に、「プラトンからマキャベリにいたるヨーロッパの賢人たちが、それぞれの時代の支配者たちに教えてきたように、現代の働く人たち全員のために書いた万人のための帝王学が本書『経営者の条件』である。」と書かれています。

「万人のための帝王学」とは訳者上田惇生のフレーズでありドラッカー自身が言っていることではないのです。『経営者の条件』を読めばあきらかなのですが、書いてあることは「帝王学」とはかなり隔たりがあります。

ドラッカー自身も『経営者の条件』で「本書の例の多くは、企業、政府機関、軍隊、病院等のトップの仕事や経験を事例として使っている」が、「しかし本書は、トップが行っていることや行うべきことについて述べたものではない。」と言っているのです。

でも、タイトルは『経営者の条件』となっているではないか、と主張する人がいるかもしれません。しかし原題は *The Effective Executive* というのです。「経営者の条件」ではありません。

エグゼクティブは日本語に訳しにくい言葉です。ドラッカーは「私は、地位やその知識のゆえに、日常業務において、組織全体の活動や業績に対して、重要な影響をもつ意思決定を行う経営管理者や専門家などの知識労働者をエグゼクティブと名づけた。」と書いています。上田も「訳者あとがき」で「この本の中で、上司に命じられたこと以上のことをする人はすべてエグゼクティブであるといっている。」と書いているのです。

したがって「経営者の条件」というタイトルはその内容にふさわしいものではありませんでした。おそらく上田もそれはわかっていました。その証拠に彼は「訳者あとがき」の最後を「原題のThe Effective Executiveは、真意を訳せば『できる人』である。」と締めくくっています。

にもかかわらず『経営者の条件』というタイトルにしたのは、出版社からの要請もあったのかもしれませんが、やはり訳者がドラッカーはどうしても企業経営の指南役でなければならないと思っているからなのでしょう。

それが、私には違和感があるのですが、日本におけるドラッカーの代表的な読まれ方なのです。

❑ 思想家としてのドラッカー

もちろん、別の読み方をする人もいます。たとえば先に何度か引用した『思想家ドラッカーを読む』の著者仲正昌樹は、タイトルからわかるように、経営論、企業論という視点からではなく、思想家としてのドラッカーを論じています。仲正は『思想家ドラッカーを読む』の「まえがき　人文学者、ドラッカーを読む」で、

彼の著作は、西欧諸国の企業やそれを取り巻く社会環境を即物的に分析しているだけでなく、市場、企業、自由をめぐる思想史的な思想史的な議論を随所に織り込んでいる。経営学の教科書とか、カリスマ経営者による指南書のようなものとはかなり装いを異にする。彼なりの経済・社会哲学があって、その応用として、「経営」の本質論を展開しているようにさえ見える。

と書いています。仲正はドラッカーの著作は「カリスマ経営者による指南書のようなものとはかなり装いを異にする」と言っているとおり、日本での一般的な読み方に疑問を呈しています、いや疑問というよりはっきり否定していると言っていいでしょう。その姿勢は、たんなる「まえがき」ではなく「人文学者、ドラッカー」と書いているところにすでに示されています。ドラッカーはあなたたちが考えているような人ではありませんよ、彼は人文学者なのですよ、仲正はそう言っているように私には思えるのです。

そして「彼なりの経済・社会哲学があって、その応用として、『経営』の本質論を展開している」として「思想家ドラッカー」に迫っていくのです。

ここではその内容について詳細に紹介する余裕はないので、思い切って要約すると、仲正は、日本ではあまり取り上げられないドラッカーの初期の法理論や政治哲学に関する論文を検討し、彼の思想的背景を丹念に辿ったうえで、「弱くて不器用で、環境の変化になかなか適合できない、しかし古くからある共同体に帰る道も閉ざされた諸個人が、現代社会でどうやって生きていったらいいいか、と考える中で、企業を媒介共同体として捉えるドラッカー独自の『マネジメント』観が生まれてきたのではないか。」という結論に達するのです。

そしてⅡの「1　人間重視の思想」で紹介したように、「彼にとって『マネジメント』とは、効率的な組織を作り運営することよりも、そのままではなかなか個性を生かせない人たちに居場所を与え、生き残らせるための思考戦略だったのではないか。」とドラッカーのマネジメント論の本質をあきらかにしました。

仲正は、哲学者、政治学者、歴史学者、思想史研究者、何と言っていいのかわかりませんが、経営学者ではないと言っていいでしょう。では経営学者はドラッカーをどう評価しているのでしょうか。

経営学者の三戸公は、『公と私』（未来社、１９７６年）で、ドラッカーをこう評しています。

ドラッカーの管理の根幹は、自由と機能の統合にある。ドラッカーのいう自由は、人間の本性として選択の自由＝責任より出づる個人の尊厳であり、人間尊重である。ただ単なる目的達成、機能の発揮ではなく、個人の尊厳、平等、人間尊重である。自由と機能がドラッカーのすべての著作をつらぬくバックボーンである。

三戸の言う「ドラッカーの管理」とは「ドラッカーのマネジメント論」と同義です。ドラッカーのマネジメントの本質は、「単なる目的達成、機能の発揮ではなく、個人の尊厳、平等、人間尊重である。」としています。見事な要約です。

三戸は、仲正と同様、ドラッカーを「万人のための帝王学を追求する」実学の祖としてではなく思想家としてとらえているのです。

❑『傍観者の時代』

三戸や仲正の読み方の方が私にはしっくりときます。まったく違和感はありません。仲正は「あとがき」でさらに重要なことを指摘しています。

半自伝的著作『傍観者の時代』のタイトルが示唆しているように、彼自身が完全にしっくりきて落ち着くことのできる居場所をうまく見つけることのできない、典型的な「傍観者」であり続けたからこそ、「マネジメント」の社会的機能を第三者的に客観視する、「マネジメント」の思想家になることができたのかもしれない。

ドラッカーが「傍観者」であったからマネジメント論を確立できた、大変重要な指摘です。私も冒頭の「1　ドラッカーってどんな人？」で彼が「傍観者であったということ」を強調しました。傍観者が帝王学を追求することは不自然のように思われます。

ところで、『傍観者の時代』の原題は*Adventures of a Bystander*となっています。「傍観者の冒険」という意味ですが、「傍観者の時代」というタイトルにしたのは、出版社からの要請であったと訳者の風間禎三郎があきらかにしています。

なぜ「傍観者の時代」としたのか。出版社は、１９６９年に出版された『断絶の時代』を意識していたと思われますが、『傍観者の時代』が出版される１９７９年の前年に出版された、Ｊ・Ｋ・ガルブレイスの『不確実性の時代』がよく売れたからということもあったかもしれません。

『傍観者の時代』は同じ出版社から２００６年に『ドラッカーわが軌跡――知の巨人の秘められた交流』とタイトルが変更されて再出版されています。なぜタイトルが変わったのか。それもまた出版社の意図であったのかどうかわかりませんが、「傍観者」というドラッカーを理解するうえでのキーワードが消滅してしまったのは残念なことです。そして新版は旧版に比べて半分強のボリュームになっています。話の筋を理解するうえで大きな影響はないところを削除したと思うのですが、ドラッカーの伝えたかった「ヨーロッパとアメリカの過ぎ去った日々」の時代的雰囲気を充分感じ取ることはできなくなっています。残念としか言いようがありません。

新版は帯に「これはピーター自身が初めて書いた事実上の『自伝』である」と書いてあり、新訳者の上田もこれはドラッカーの「半自伝」だと言っています。ところが、ドラッカーは旧版の「日本語版への序文」を「この本は『自叙伝』でもないし『回想録』でもない。」というセンテンスで始め、「この本は、一九世紀のいわゆる、『わが人生と時代』記とも違う。この本は前例のないもの、つまり『他者の人生と私の時代』記とでもいったものである。」と書いているのです。

新版ではこの「日本語版への序文」は削除され、代わりに「新版への序文」が掲載されています。その中でもドラッカーは「これは人についての本である。私自身についての本ではない。」と書いており、自伝ではないと明言しているのです。にもかかわらず、出版社も新訳者も「自伝」だとして、いかにも自伝風の「わが軌跡」というタイトルにして、しかも大幅に削除して出版するというのは著者に対する冒涜ではないでしょうか。

少し言葉が過ぎたかもしれません。私が新版を非難するのは旧版に対する思い入れが強いからだということをご理解いただければと思います。初めて『傍観者の時代』を読んだときの感動はいまだに忘れられません。私はこの本でドラッカーのファンになったのです。ドラッカーは本当は経営学者ではなく物語作家だったのだ、第一級の物語作家なのだと考えたほどです。

私は英語の専門家ではなく、風間の訳と上田の訳のどちらが優れているかを語る資格はありませんが、bystanderを「傍観者」ではなく「観察者」とした上田の訳には首をかしげざるをえません。ドラッカーがobserverではなく、bystanderという言葉を使用した理由は本文を読めばすぐわかります。旧版の「プロローグ　傍観者の誕生」は次のように始まります。先に「ドラッカーってどんな人？」で紹介しましたがもう一度読んでみましょう。

傍観者には自己の歴史がない。傍観者は舞台の上に居るには居るがしかし、役者ではない。傍観者は聴衆ですらもない。芝居とそれを演ずる役者の命運は聴衆に左右される。が、傍観者の反応は彼以外の誰にも効果を及ぼさない。とはいうものの、傍観者は――劇場の消防係に多分に類似して――舞台の袖に立って役者や聴衆が気づかずに見過ごすものを見る。なかんずく、彼は、役者や聴衆とは異なる見方で見る。そして彼は省察する――省察は鏡ではなくプリズム、それは見たものを屈折させて映し出す。

名文です。それしか言いようがありません。こうして書き写していても最初に読んだときのように、ただため息をつくばかりです。

新版の「プロローグ　こうして観察者は生まれた」は次のように始まります。

観察者自身に取りたてての歴史はない。舞台にはいるが演じてはいない。観客でもない。

少なくとも観客は芝居の命運を左右する。観察者は何も変えない。しかし、役者や観客とは違うものを見る。違う見方で見る。観察する。そして解釈する。

これは翻訳とは言えません。要約です。新版ではなくダイジェスト版です。旧版では、「傍観者」は舞台の袖から芝居を見ているのですが、新版の「観察者」は、舞台のどこで芝居を見ているのでしょうか。まったくわけのわからない文章になっています。省略しすぎですね。ここだけでなく、旧版のドラッカーの格調高い文章は新版ではほとんど見られなくなっているのです。

新版を読んだときの失望は大きく、『傍観者の時代』を読んだときの感動のひとかけらも新版は与えてくれませんでした。思わず引き込まれてしまう昔のヨーロッパ、アメリカの時代的雰囲気は新版から感じ取ることはできませんでした。

それは、おそらく翻訳の違いではなく、あまりにも端折りすぎたからだと私は考えています。旧版は524ページありましたが、版を改めて出版することになれば、最近は少しフォントが大きくなっていますから、おそらく700ページ近くになるでしょう。出版社はページ数が大きくなるのを嫌います。分厚い本は売れないからです。私は本は厚いほうがいいと思っているのですが、私のことはさておいて、出版社にしてみれば、売れなければ出版する意味はないのです。ですからページ数を少なくするために大幅カットしたのでしょうね。

そして、ここがポイントだと思うのですが、ドラッカーが「傍観者」では都合が悪いのです。物語作家であってほしくないのです。哲学者や思想家でも困るのです。ドラッカーはあくまでも経営学者であり、企業経営者の指南者でなければならない、であるからこそビジネスマンは「実学」の書としてドラッカーの本を読むのです。「傍観者」の「もはや存在していないヨーロッパについて、現在の現実ではなく歴史と化したアメリカについて」の冗舌な物語などにビジネスマンは興味を示さないだろう、企業経営者、ビジネスマンの自己啓発の教祖、ドラッカーの自伝なら売れるだろう、出版社はそう考えたのかもしれません。

唐突ですが、書いたものがよく売れたということでは司馬遼太郎が思い浮かびます。私はドラッカーと司馬にはいくつかの共通点があると思っているのですが、それはまた別の機会に論ずることとして、司馬が土地問題について積極的に発言したことを取り上げてみたいと思います。

司馬は田中角栄の日本列島改造論を非難し、日本は土建国家に成り下がってしまったと嘆きました。土地が商品化され投機の対象となり乱開発されることを憂えたのです。土地公有論まで主張しました。彼の土地問題に関する対談、論考は『土地と日本人』としてまとめられ1976年に出版されました。作家、文芸評論家の関川夏央は、この本について「司馬遼太郎のキャリア中唯一の『持ち込み企画単行本』であったが、彼の作品中、もっとも低調な売行きに終わった」と言っています。

おそらく出版社はその本があまり売れないということはわかっていたと思います。それでも出版したのは、すでに超売れっ子作家になっていた司馬の依頼を出版社は断り切れなかったからだと思います。

当時の司馬は『竜馬がゆく』や『坂の上の雲』などで「国民的作家」と言われていたのです。一般読者は彼の資本主義論には興味を示さなかったのです。一般読者にとっては司馬遼太郎は作家であって経済学者や経済評論家ではないのです。

ドラッカーと日本の一般読者の関係も同じではないでしょうか。たとえば、「フリードリヒ・ユリウス・シュタール」や「ドイツにおけるユダヤ人問題」などドラッカーの初期の法学や政治思想史の論文をとりまとめて単行本として発刊しようと、日本の出版社が考えるとは思えませんが、仮に刊行されたとしてもあまり売れないでしょう。

哲学者や思想家や物語作家としてのドラッカーではなく、「実学」としての経営学の教祖としてのドラッカーが強調される、これが日本におけるドラッカーの読まれ方なのです。

2　アメリカでのドラッカーの読まれ方

❏デイリー・ドラッカー

では外国では、ドラッカーの母国アメリカでは、どう読まれているのでしょうか。

日本ではドラッカーは「実学」、「自己啓発」と結びつけられがちだと、やや非難めいた口調で書いてきましたが、アメリカでもそのような読まれ方はされています。

本論でも頻繁に引用した2004年に刊行された*The Daily Drucker*がその一つの典型です。日本では2005年に『ドラッカー365の金言』というタイトルで出版されています。上田は本書について、『ドラッカー入門』の「ドラッカー主要著作解題」で、「本書は、ドラッカーの六五年にわたる執筆活動から三六六のテーマを選び、これにアクション・ポイントを加え、行動のための座右の書とした日めくりカレンダー風の大著である。」と書いています。上田が解説しているとおり、これはドラッカーが新たに書き下ろしたものではなく、これまでのドラッカーの著作からの抜粋です。ドラッカーの研究者にとってはあまり意味がない本です。

しかし一般の読者には受けるだろう。そう考えたのは、ドラッカー自身でもなく編者のマチャレロでもなく出版社のハーパー・ビジネスだったと思われます。推測ですが、この本はハーパー・ビジネスの企画出版であり、ドラッカーやマチャレロが売り込んだものではないと思います。

これもまた推測にすぎませんが、ハーパー・ビジネスはベンジャミン・フランクリンの『貧しきリチャードの暦』を意識していたのではないでしょうか。これは通常の暦に加えて、読者の興味を引く記事とフランクリンの自作による（一部他者のものもある）金言が入っている日めくりカレンダーです。1732年に発売されて毎年1万部近く売れ、25年間も売れ続けたロングセラーです。つまり『貧しきリチャードの暦』の現代版というわけです。

私の推測が当たっていればの話ですが、日本では、ドラッカーは「万人のための帝王学」を追求した人物とみなす人がいるように、アメリカでも現代のフランクリンとして、特にビジネスマンに処世訓をたれる人とみなす人たちがいるということです。

❑ドラッカーのタペストリー

日本語版『ドラッカー365の金言』は、『貧しきリチャードの暦』を意識しているのかどうかわかりませんが、見開きで一日1ページになっていて、いわゆる「日めくりカレンダー」のようになっています。しかし、かなり無理があるのです。原書も一日1ページなのですが、日本語に翻訳すると長くなることは避けられず、どうしても1ページを超えてしまうのです。そのため無理やり1ページにおさめようとして、例によって、かなり端折っているのです。それでも「金言」というにはあまりにも長すぎます。
The Daily Drucker のほうも見開きで一日1ページになっています。出版社は『貧しきリチャードの暦』を意識したのではないかと書きましたが、編者のマチャレロは聖書を意識したかもしれません。敬虔なクリスチャンは毎日寝る前に聖書を読むそうです。ビジネスマンには聖書のように毎日ドラッカーを読んでもらいたい、そう思ったかもしれません。「金言」というにはあまりにも長すぎますが、聖書の一節であれば適当な長さでなんら無理はありません。

しかし、内容に関しては私にはどうしても無理があるように思えてなりません。各ページの終わりにはACTION POINTが示されています。ドラッカーを読んで読者がとるべき行動が示唆されているのです。それで本書は「行動の書」と謳われているのですが、ドラッカーの著作はすべてが「経営者が成果をあげるために」書かれたものではありません。本書でもマネジメントとは直接関係のないところが抜粋されています。それに対してどうアクションを起こすのか、つまりACTION POINTとはなじまないものがあるのです。

もっともそれは私の感じるところであって、編者のマチャレロはそうは思っていないのかもしれません。マチャレロは本書の序文で、「彼（ドラッカー）は特定の問題に向かうために彼のおびただしい知識を持ってきてタペストリーを編んでいるように見える（訳は庄司：以下同じ）」と書き、「ドラッカーの著作や論文は多様であるが考え方は一貫している。」「彼の過去65年間に書いたものすべてを研究してみれば、私が『社会とマネジメントに関するドラッカーのタペストリー』と呼んだものと同じタペストリーが見られるだろう。」と書いています。

この序文が書かれたのは２００４年です。その65年前、１９３９年はドラッカーがアメリカに移住してきた年であり、彼の最初の著作『「経済人」の終わり』が刊行された年でもあります。

ドラッカーは、さまざまなカテゴリーのものを書いてきました。大きく分ければ、それは社会とマネジメントの二つの分野ということになりますが、それらは独立しているのではなく、

つまり、社会の研究からマネジメントの研究に転じたわけではなく、最初からずっと、社会とマネジメントをいっしょにしたタペストリーを同じ考え方で編み続けていたのだ、マチャレロが言っているのはそういうことだと思います。

であれば、私がマネジメント以外のものは行動指針になじまない、無理があると言ったのはあてはまらないということになります。

ドラッカーは、哲学や政治学や法学などの研究からビジネスの研究に転向したように見えるのですが、そうではなく、最初からさまざまな問題を同じ視点で研究していたのだ、マチャレロに言わせれば「タペストリーを編んでいた」という表現になりますが、そのような考え方には同意できます。そのとおりだと思います。

それでも私はACTION POINTを付した*The Daily Drucker*の構成には無理があると思っていますが、それはさておいて、マチャレロはドラッカーをどうとらえていたのかを見てみましょう。

❑リベラルアートとしてのマネジメント

マチャレロには、すでに言及していますが、『教養マネ』という著書があります。この本はカレン・リンクレターとの共著なので、以下「マチャレロら」といいますが、マチャレロらは、本書でマネジメントをリベラルアートの一つだとしているのです。

それはマチャレロらが最初に指摘したのではなく、Ⅰの2の「⑷教養としてのマネジメント」で言及したとおり、ドラッカー自身が『新しい現実』で言っていることです。彼は、マネジメントは人間の本質にかかわるものであるから、「マネジメントは、まさに伝統的な意味におけるリベラルアート、一般教養である。」と言っています。

「伝統的な意味におけるリベラルアート」とはどのようなものでしょうか。「リベラルアート」という英語は、説明が非常に難しいのです。岩波の『英和大辞典』では、liberal artsをこう説明しています。

(1)（中世の）学芸、教養科目（trivium〈文法・論理・修辞〉、quadrivium〈算術・幾何・音楽・天文〉から成る）
(2)（大学の）教養学科（Bachelor of Arts〈学士〉などのartsは本来これ）

これからもわかるように、リベラルアートの意味は時代とともに変遷しています。そしておそらく人によって定義が違うのです。ただ、「伝統的な意味における」と限定するならば、「人間を束縛から解放する知識で、専門の学科や職業課程とは区別されるもの」として差し支えないと思われます。

つまりドラッカーは、マネジメントは、たとえば金融工学やオペレーションリサーチのようなテクノロジーではない、実学ではないと言っているのだと思います。

ところで『教養マネ』の原題はDRUCKER'S LOST ART OF MANAGEMENTというのです。そのまま訳せば、「ドラッカーの失われたアートとしてのマネジメント」ということになりますが、このタイトルの意味は、「日本語版序文」を読むとあきらかになります。そこには、「ドラッカーと言えば、マネジメントの体系化、そしてその実践的展開の代名詞として世に知らぬ者はない。だが、アートとしてのマネジメント（Art of Mangement）はと言えば、常に見落とされ、喪失されてきた。」という記述があります。この「日本語版序文」を書いたのは西洋近現代美術史を専門とする玉川大学教授の村山になですが、「謝辞」には、マチャレロらと村山が、「頻繁にやりとりを行い、日本語版序文の英文原稿を推敲していった。」とあります。ですからこの記述はマチャレロらの記述でもあるのです。

このタイトルからもわかるように、アメリカでも、ドラッカーのマネジメントはリベラルアートではなくテクノロジーと見なされてきたようです。マチャレロらはその状況を「喪失されてきた」と言い、リベラルアートとしてのマネジメントを本書で詳述したのです。

『教養マネ』で強調されていることは、先の「教養としてのマネジメント」のセクションでもふれたとおり、ドラッカーのマネジメント論の根底にあるものはユダヤ・キリスト教だということです。彼が「人間の尊厳」を繰り返し強調したことは本論でも何度も取り上げましたが、それはキリスト教に基づくものだということをマチャレロらは強調しています。

マネジメント論の根底にあるものはユダヤ・キリスト教だとするのは、ドラッカーを「帝王学」を追求した人であるとみなす日本における読み方にはないものです。

そしてもう一つ特徴的なことはドラッカーの思想の連続性を強調していることです。それはマチャレロらの「タペストリーを編んでいた」という表現を紹介してすでにふれましたが、もう少し読み進めてみましょう。

マチャレロらは「すべてを受け入れる社会観は、キルケゴール、シュタール、ラドヴィッツ、フンボルト、バーク、シュンペーター、スローンに明らかに連なるものだった。哲学から実践まで広範な守備範囲を持つ体系の創造にあって、それらの思想家が個の成果と充足にあるべき価値観を備給しうる組織社会のヴィジョンを明らかにした。」と書いています。

キルケゴールから始まってスローンに終わる人名はドラッカーが影響を受けた人物なのです。この中ではスローンが異質です。スローンは先にふれましたが、GMの社長、会長であった、アルフレッド・スローンです。哲学者から始まって法学者、政治学者、保守的政治家、経済学者、企業経営者で終わるというこの人名の連なりは、ドラッカーが哲学や政治経済学の研究からビジネスの研究に転向したことをうかがわせるものだと読めるかもしれません。

しかし、マチャレロらは、これらの人々は「いずれも、ドラッカーにあって人間とはいかなる存在かの論及の師であった。」と言います。リベラルアートとしてのマネジメントは人間に焦点を当てています。ですから人間のさまざまな側面に目を向けなければなりません。ドラッカーは人間のさまざまな側面をキルケゴールやスローンなどから学んだのです。

先の「経済学との決別」で、ドラッカーがケインズのセミナーに参加したとき「ケインズは財の動きに関心があり、私は人々の行動に関心があることがすぐにわかった」とドラッカーが言ったことを紹介しました。ドラッカーは途中で転向したわけではなく、最初から最後まで人間の行動を研究していたのだ、これがマチャレロらが言いたかったことだと思います。

マチャレロらは、ドラッカーを人間を重視するリベラルアートとしてのマネジメント論を展開した人物ととらえているのです。つまりドラッカーを思想家ととらえた仲正に近いアプローチと言えるかと思います。

3　もう一つの読み方

❑ 社会生態学者としてのドラッカー

ドラッカーをどう読むかということについて、日本とアメリカでどう読まれているかを書いてきました。ドラッカーの著作を「自己啓発書」とか経営学の教科書とか企業経営の指南書のように読む日本の読み方について私は非難めいた口調で書いたかもしれません。しかし、それには違和感がある、自分はそうは思わないということを書いたのであって、そのような読み方は誤りだ、正しくないと言うつもりはありません。

ドラッカーの思想の中核はマネジメント論ですが、このマネジメント論をどう読むかが人によって異なるのです。企業経営に役立つものととらえる人もいれば、個性をいかせない人たちに居場所を与え生き残らせるための思考戦略だととらえる人もいれば、リベラルアートだという人たちもいます。

人によってとらえかたがまちまちなのは、変な言い方ですが、ドラッカーにも責任があるのです。というのはドラッカーは、これまで再三言及してきたように、哲学や法学や政治学や社会学や経済学や経営学などさまざまな分野で発言しているからです。いったいドラッカーの専門は何なのか、よくわからないのです。実は、彼自身も明言していなかったのです。

上田の『ドラッカー入門』にはこのような記述があります。

かつて記者の取材を受けたドラッカーが、「ところで、あなたのお仕事は何ですか?」と聞かれ、「五八歳になりますが、何になりたいのかまだわからないんです」と答えたことがあった。

よくできた作り話のような気もしますが、おそらく事実だと思います。『傍観者の時代』の「日本語版への序文」にも「私はよく、どのように自分自身を規定しているかと訊ねられる。」とありますが、ドラッカーはその問いにまともには答えていません。経済学者でもないし社会学者でもない、と言ってから、私は時折、「政治生態学者」である、つまり、環境保護運動家が自然環境に関心を払うように人工の環境に関心を払う者である、と冗談半分に称してきた。けれども、私の常に変わらぬ基本的な自覚は、自分は「文筆家（ライター）」なのだ、である。

と言うのです。これが書かれたのは1979年ごろと思われますが、そのころでも、古希を迎えようとしているころでも、自分自身を明確には規定できていなかったのです。

それでもドラッカーは晩年には自分が何であるのかを明言するようになりました。『すでに起こった未来』の終章「ある社会生態学者の回想」で、彼は、「これまで私は、二冊の小説と一冊の半自伝的な物語を含む二五冊の本を執筆した。しかし、私は文筆家ではない。事実、そのように受け取られたことは一度もない。」と書いています。

『傍観者の時代』では「自分は文筆家なのだ」と言っておいてそれはないよなあと思いますが、この章は「何をしているかと聞かれれば、私は『書いている』と答える。」というセンテンスで始まっているのです。つまり、何か「書いている」から文筆家ではあるのだが小説家ではないと言っている、と解釈して先に進みましょう。

読み進めていくと、次のような記述に出くわします。

> だが、自分が何であろうとしてきたかは充分承知している。はるか昔から承知して

いる。私は「社会生態学者」だと思っている。ちょうど、自然生態学者が生物の環境を研究するように、私は、人間によってつくられた人間の環境に関心をもつ。

『すでに起こった未来』

ここにきてようやくドラッカーは自分自身を「社会生態学者」だと規定します。「はるか昔から」と言われると、昔は明確にしてなかったよねと言いたくなりますが、「傍観者」であるとは言っていました。「傍観者」イコール「社会生態学者」だということなのでしょう。ドラッカーは「社会生態学」は自分の造語であると言っています。ではそれはどんなものなのでしょうか。

彼は「社会生態学における最も偉大な歴史的文献は、アレクシス・ド・トクヴィル（一八〇五〜五九年）の『アメリカの民主政治』である。」と書いています。私は岩波文庫（タイトルは『アメリカのデモクラシー』となっている）で読みましたが、そのときはドラッカーが高く評価していることは知りませんでした。これが社会生態学における偉大な文献だと言われると、なるほどと思い当たることがあります。

社会生態学は、分析することではなく、見ることに基礎を置く。知覚することに基礎を置く。社会生態学と社会学の違いはここにある。

『すでに起こった未来』

『アメリカのデモクラシー』を読んで印象に残っていることは、トクヴィルはアメリカの特徴を司法国家であり、キリスト教国家であるとしているところです。「アメリカの貴族階級は弁護士の席や判事の椅子にいる。」「合衆国では、ほとんどどんな政治問題もいずれは司法問題に転化する。」「アメリカ人はキリスト教と自由とを頭の中でまったく一つのものと考えるので、彼らに一方を他方なしで思い浮かべさせるのはほとんど不可能である。」「私は宗教の精神と自由の精神がわれわれにあってつねに反対方向に進むのを見てきていた。ここアメリカでは、両者は親しく結びついていた。二つの精神は相ともに同じ土地を支配していた。」（岩波文庫『アメリカのデモクラシー』第一巻〈下〉）などの記述がそれです。

トクヴィルはフランス人で裁判から政治の世界に転身し外務大臣も務めました。政治学者と言ってもいいかもしれませんが、『アメリカのデモクラシー』はトクヴィルが若い頃にアメリカを旅行して見聞したものをまとめたもので政治学の論文ではありません。「分析することではなく、見ることに基礎を」置いて書かれた著作です。なるほどこれが社会生態学なのですね。『断絶の時代』の「おわりに」で、ドラッカーは「本書の特質は、予測ではなく、観察にある。」と書いています。『断絶の時代』の時代も『アメリカの民主政治』と同様、社会生態学の偉大な歴史的文献と言えるでしょう。

『教養マネ』の「日本版序文」には、「マチャレロ氏によると、ドラッカーは常に知覚的にものごとを捉えることを人は学ぶべきと考えていた。」という記述があります。分析的方法だけでは見過ごしてしまうものがある、そのことにドラッカーは早くから気がついていたのです。「傍観者は舞台の袖に立って役者や聴衆が気づかずに見過ごすものを見る。」と彼は言いましたが、傍観者は社会生態学者であったのです。

❏日本の発見者としてのドラッカー

「ドラッカーをどう読むか」ということについて書いてきました。ドラッカーは、企業経営の指南役でも、経営学者でも、哲学者でも、人文科学者でもあるのですが、やはり、本人が言っているとおり、ドラッカーは社会生態学者と読まれるべきだろうというのが一応の結論です。しかし、私は、もう一つの見方を提示したいと思います。それは、ドラッカーは日本の発見者であった、そう読むことができるのではないかということです。「日本の発見」とはどういう意味か説明しなければなりません。

これまで欧米人の手になる数多の日本研究書が世に出ました。日本人は自分たちが外国ではどう思われているかを必要以上に気にしますから、日本ではそれらの本がよく読まれ、一時ブームになったほどです。私もグレゴリー・クラークの『日本人　ユニークさの源泉』(1977年)、エズラ・ヴォーゲルの『ジャパン・アズ・ナンバーワン』(1979年)、エドウィン・ライシャワーの『ザ・ジャパニーズ』（1979年）などを夢中になって読んだものでした。

そのブームのきっかけをつくったのは、たぶん、ドラッカーです。彼は1971年に『ハーバード・ビジネス・レビュー』に「日本から何を学ぶか」というタイトルの論文を発表しました。その論文について彼は、「西洋において初めて、コンセンサスによる意思決定・終身雇用・長期戦略・品質管理など、今日ではすっかりお馴染みになった日本の慣行を紹介した。」（『すでに起こった未来』）と書いています。

このドラッカーの記述は厳密に言えば正確ではありません。1958年にジェームズ・アベグレンが『日本の経営』で、日本企業の特質は、終身雇用、年功序列、企業内組合にあると発表しているからです。つまり「西洋において初めて」はドラッカーではなくアベグレンが称すべきものなのです。

ドラッカーは『日本の経営』を読んでいなかったのでしょうか。おそらく、彼はその当時は『日本の経営』の存在を知らなかったと思います。なぜか知りませんが、アベグレンは母国アメリカでは評価されなかったようなのです。そのせいか彼は後にアメリカ国籍を捨て日本国籍を取得しています。日本でも彼の『日本の経営』が取り上げられるようになったのは1970年代になってからです。

ですからブームのきっかけはドラッカーの論文であったと言っていいと思います。その意味で彼は「日本の発見者」と言えると思います。

ついでながら品質管理の手法などで日本では高く評価されているW・エドワーズ・デミング（1900〜1993年）も本国アメリカではほとんど評価されませんでした。彼がアメリカで知られるようになったのは、1980年にNBCが「日本にできてなぜアメリカでできないのか」というドキュメンタリー番組を放映してからです。デミング80歳のときでした。その番組が作成されたのはアメリカで日本型経営に関心が持たれるようになったからですが、そのきっかけをつくったのがドラッカーであったとすれば、ドラッカーはデミングの「発見者」でもあったと言えるかもしれません。

そして特筆すべきはドラッカーの見方です。ドラッカーの日本の見方は、これまでの日本研究書には見られない独特のものです。他の日本研究者とは異なった視点で観察している、彼らには見えなかったものがドラッカーには見えた、それもまた「ドラッカーは日本の発見者であった」と言える理由です。

ドラッカーは日本研究の専門家ではありませんでした。彼と日本の出会いはまったくの偶然です。雨宿りで駆け込んだところで日本画が展示されていた、それで日本画に魅せられて日本に関心を持つようになったのです。日本画見たさに来日していたと語ったほどです。

彼は日本画を通して日本を観察したのです。日本美術や日本文学の外国人研究者は美術や文学そのものの研究に集中するのであって、そこから日本の社会・経済システムや日本企業の特質に言及することはほとんどありません。同様に日本企業や日本の社会・経済システムの研究者が日本美術や文学に言及することはほとんどありません。

先の「日本美術とドラッカー」のセクションで、彼が「日本画から見た日本について言える最も重要なことは、日本は知覚的であるということである。」と言ったことを紹介しました。日本は知覚的であるからこそ先進国の仲間入りを果たすことができたと考えたのは、ドラッカー以外だれもいません。

> 日本は、外国からの影響を自らの経験の一部にしてしまう。外国の影響のなかから、日本の価値観・信条・伝統・目的・関係を強化するものだけを抽出する。その結果は混合ではない。一五世紀や一八世紀の日本画が示すように一体化である。
>
> 「日本画に見る日本」

「一五世紀や一八世紀の日本画」とは水墨画と南画のことです。いずれも中国から技法を学び日本のものとしたとドラッカーは言っています。日本が飛躍できたのは「知覚の能力」があったから、「外国である西洋の制度や製品の本質と形態を把握し、それらを再構成することができた」と彼は言います。

外国の日本研究者で、このような見方をした人は、ドラッカー以外だれもいません。このことだけでドラッカーは「知覚の日本」の発見者とよぶにふさわしいと思います。

❑日本を認めたドラッカー

もう一つ重要なことは、ドラッカーは、日本を認めたということです。彼は「私は西洋人として初めて、欧米とくにアメリカの伝統的な対応や政策が日本との関係においては適切でないこと、そして日本では経済学や経済政策に対する見方が異なり、経済のゲームを異なるルールによって行っていることを指摘した。」(『すでに起こった未来』)と書きました。ただ日本の特質を指摘しただけではありません。「異なるルール」の存在を認めたのです。ルール違反ではないことを認めたのです。

先に言及した「日本から何を学ぶか」という論文も、ドラッカーに言わせれば、「西洋人として初めて」日本のマネジメントを紹介したものだということです。そうでしょうね。欧米の社会科学者は、自分たちの社会・経済システムが唯一無二のものだと考えていたのです。ソ連のような社会・経済システムは打倒されるべきものであり、発展途上国もいずれは自分たちの社会・経済システムを取り入れるようになるはずだと考えていたのです。

ですから「日本から何を学ぶか」というタイトルは欧米の社会科学者や企業経営者にしてみれば驚きであったし不愉快であったにちがいありません。何を考えているのかわからない(キリスト教から見て)異教徒の日本から学ぶものがあるのかと思ったことでしょう。しかしその後の日本経済のパフォーマンスは誰もが認めざるをえなくなりました。

ドラッカーが指摘していたことはかなり当たっていたことが証明されたのです。ドラッカーの言葉を借りれば彼は「西洋人として初めて」日本を認めた人だったのです。その意味でもドラッカーは「日本の発見者」であると言っていいでしょう。

おわりに

これまで、ドラッカーに教わったことやドラッカーの読み方について述べてきましたが、特にドラッカーの読み方で、上田惇生について批判的な書き方をしてきたかもしれません。繰り返しになりますが、上田の読み方がまちがっていると言っているのではありません。ドラッカーの解釈は人によって異なるのは当然です。上田を非難しているわけではありません。

それに、少なくともドラッカーに関することで上田を非難するのは勇気がいることです。なにしろ上田は「ドラッカーの分身」なのですから上田を非難するのはドラッカーを非難することになるのです。

それで、お前はドラッカーを批判できるのかと言われるのを恐れて「弁明」をしているわけですが、弁明を繰り返すよりも、上田の著作で感銘を受けたところをあげておくほうがいいでしょう。

先の「失われた共同体」のセクションでも言及しましたが、上田は『ドラッカー入門』で、ドラッカーがポスト資本主義社会のモデルとして日本に期待していたことを紹介しています。ドラッカーが『明日を支配するもの』で「おそらくは、日本の解決が他の国のモデルになるであろうからである。なぜならば、いかなる国といえども、社会が真に機能するためには、社会的な絆が不可欠だからである。」と書いたことに、上田は、「刮目すべきは、この文章が日本語版への序文、あるいは、あとがきとして書かれたものではないことである。これは本文中の文章である。しかも本文中最終ページのものである。すなわち、全世界の読者に向けた、しかも結論部分のものだということである。」とコメントして、ドラッカーの日本に対する期待がいかに大きいものであったかを強調しています。

そして、ドラッカーには60年に及ぶ著作のなかには間違った予測もあったと指摘し、しかし日本の行方に関する予測についてはこれからわかる、としてこう書いています。

世界中の人たちが、あのドラッカーが一つだけ大きな間違いをした、それが日本への期待だったということにならないようにしなければならない。これは私たちの責任である。

まったくもってそのとおりです。上田の言うとおりです。私たちには大きな責任があるのです。しかるに日本の現状はどうか。良いことも悪いこともありますが、どうも良くないことのほうが多いような気がしてなりません。とにかく、日本はドラッカーが期待していたほどの国ではなかったのだよと言われないようにしたいものです。

ところで、ドラッカーは日本に期待していたのですが、日本を手放しで礼賛していたわけではありません。日本の企業のすぐれたところを学ぶべきだとは言っても、欧米の企業が日本の企業のようになるべきだと言っているのではないのです。日本の社会・経済システムに参考になるところがあるといっても、欧米の社会が日本の社会のようになるべきだと言っているわけではありません。

仲正は前掲『思想家ドラッカーを読む』で、「日本でドラッカーが高く評価されるのは、共同体的な企業観が日本人の感覚に合っているからかもしれない——企業に対する平均的な日本人の態度と、ドラッカーの企業観がそのまま一致することではない。」と書いています。重要な指摘です。

では日本人の企業観とドラッカーの企業観はどう違うのか。仲正は両者を並べて比較はしていませんが、ドラッカーの企業観については言及しています。

「共同体的な絆を失った諸個人が、数量化された取引関係を中心とする市場のなかで競争しながら生きることを強いられるようになった状況が、彼の思想形成の原点である。」と言い、「弱い個人に位置と役割を与えるものとしての企業的な組織に注目したことで、『産業人』と『マネジメント』をめぐる、彼の独特の社会・経済思想が生まれてきたのである。」と書いています。

仲正によれば、ドラッカーは、企業を、共同体的な絆を失った弱い個人が自己実現できる場と見ていたということになります。

日本の企業は、先に述べたとおり、農村共同体や藩の延長という性格を持っています。そこでは、個人は共同体の論理、企業の論理に埋没していて個性の発揮は抑えられチームワークが優先されるのです。

仲正の言うとおり、ドラッカーの企業観と日本人の企業観にはかなりの隔たりがあります。そしてドラッカーが「共同体」と言うとき、念頭にあるのはユダヤ・キリスト教に基礎がある共同体なのです。さらに「弱い個人に位置と役割を与える」と言うときの個人は、キリスト教に基礎がある西欧の伝統的な個人主義に基づいた個人なのです。いずれも日本の文化にはないものです。

つまり、ドラッカーは、日本を認め日本に期待していましたが、ある意味では日本から最も遠いところにいた人だったとも言えるのです。そこはよく理解しておく必要があります。

> 私は、日本が歴史上繰り返し行ってきたことを再び行うよう望んでいる。今日世界は、近代的であると同時に、際立って非西洋的な文化を必要としている。世界は、ニューヨークまがいやロサンゼルスまがい、あるいはフランクフルトまがいの日本ではなく、日本的な日本を必要としている。
>
> 「日本画に見る日本」

これは「日本画に見る日本」の一節ですが、これほど日本に期待をかけた西欧人を私は知りません。しかし、世界は日本を必要としているとは言っても世界が日本化すべきだと言っているのではないのです。非西洋的な文化が必要だというのは、これまで世界をリードしてきた西洋文化が行き詰まりを見せている、だから西洋文化への刺激が必要だと言っているのです。日本文化が西洋文化に取って代わるべきだというのでもない、融合されるべきだというのでもありません。日本文化はキリスト教文化と最も遠いところにあるのですから。

しかし、「日本的な日本」、この言葉を私たちはかみしめる必要があります。私たちは西欧文化から大きな恩恵を受けてきました。戦後は特にアメリカから大きな影響を受けました。それでアメリカ標準が世界標準なのだと思い込んでしまったふしがあります。特に社会・経済システムにおいては英米のそれが効率的なものであり進んでいるものだと認識され、日本は遅れているのだと思い込んでしまったのです。

ところがドラッカーは日本の日本的なところを高く評価したのです。西洋文化に刺激を与えることができると評価したのです。

ですから私たちはもっと自信を持っていい、すべてにおいて欧米のまねごとをしなくてもいい、これがドラッカーが私たちに教えてくれたもっとも大事なことだと思います。

参考文献（単行本のみ掲載しています）

『新しい現実―政府と政治、経済とビジネス、社会および世界観にいま何がおこっているか―』Ｐ・Ｆ・ドラッカー　上田惇生　佐々木実智男訳　ダイヤモンド社　１９８９年
『傍観者の時代―わが２０世紀の光と影―』Ｐ・Ｆ・ドラッカー　風間禎三郎訳　ダイヤモンド社　１９７９年
『マネジメント【エッセンシャル版】―基本と原則』Ｐ・Ｆ・ドラッカー　上田惇生編訳　ダイヤモンド社　２００１年
『断絶の時代―いま起こっていることの本質―』Ｐ・Ｆ・ドラッカー　上田惇生訳　ダイヤモンド社　１９９９年
『ドラッカー入門―万人のための帝王学を求めて』上田惇生　ダイヤモンド社　２００６年
『あなたにめぐり逢うまで　ドラッカー博士を支えた妻の物語』ドリス・ドラッカー　野中ともよ訳　清流出版　１９９７年
『すでに起こった未来―変化を読む眼』Ｐ・Ｆ・ドラッカー　上田惇生　佐々木実智男　林正　田代正美訳　ダイヤモンド社　１９９４年
『「経済人」の終わり』Ｐ・Ｆ・ドラッカー　上田惇生訳　ダイヤモンド社　２００７年

『思想家ドラッカーを読む――リベラルと保守のあいだで』仲正昌樹　ＮＴＴ出版　２０１８年
『経済学とは何だろうか』佐和隆光　岩波新書　１９８２年
『ポスト資本主義社会――21世紀の組織と人間はどう変わるか』Ｐ・Ｆ・ドラッカー　上田惇生　佐々木実智男　田代正美訳　ダイヤモンド社　１９９３年
『雇用・利子・貨幣の一般理論』Ｊ・Ｍ・ケインズ　塩野谷九十九訳　東洋経済新報社　１９４１年
『要約　ケインズ　雇用と利子とお金の一般理論』Ｊ・Ｍ・ケインズ　山形浩生訳　ポット出版　２０１１年
『戦後経済史　私たちはどこで間違えたのか』野口悠紀雄　東洋経済新報社　２０１５年
『ドラッカー365の金言』Ｐ・Ｆ・ドラッカー　ジョゼフ・Ａ・マチャレロ編　上田惇生訳　ダイヤモンド社　２００５年
『英国大蔵省から見た日本』木原誠二　文春新書　２００２年
『加藤周一自選集３　１９６０－１９６６』加藤周一　岩波書店　２００９年
『岩崎弥太郎と三菱四代』河合敦　幻冬舎新書　２０１０年
『イノベーターたちの日本史』米倉誠一郎　東洋経済新報社　２０１７年
『日本の近代11　企業家たちの挑戦』宮本又郎　中央公論新社　１９９９年

庄司　進（しょうじ　すすむ）

フリーライター
1952年仙台市に生まれる。東北大学経済学部卒業後、国民金融公庫（現日本政策金融公庫）入庫。小企業への融資事務に従事。公庫定年退職後、2013年から2018年まで宮城県経済商工観光部に期限付き職員として勤務、補助金の交付事務に従事した。

【著作】
『日本の銀行と世界のBANK』幻冬舎ルネッサンス新書　2013年
『お役所仕事の倫理と論理』創栄出版　2018年
『危険な思想 ― 狩野亨吉と安藤昌益』無明舎出版　2018年
『補助金の倫理と論理』幻冬舎ルネッサンス新書　2020年
『ノーベル経済学賞はとれなくてもかまわない』日本橋出版　2023年

『日本証券市場成立史――明治期の鉄道と株式会社金融』野田正穂　有斐閣　１９８０年
『日本人はなぜ日本を愛せないのか』鈴木孝夫　新潮社　２００６年
『ザ・ジャパニーズ』エドウィン・Ｏ・ライシャワー　國弘正雄訳　文藝春秋　１９７９年
『言語学とは何か』田中克彦　岩波新書　１９９３年
『経営者の条件』Ｐ・Ｆ・ドラッカー　上田惇生訳　ダイヤモンド社　２００６年
『ドラッカーわが軌跡――知の巨人の秘められた交流』Ｐ・Ｆ・ドラッカー　上田惇生訳　ダイヤモンド社　２００６年
『公と私』三戸公　未来社　１９７６年
『アメリカのデモクラシー』第一巻（下）トクヴィル　松本礼二訳　岩波文庫　２００５年
THE DAILY DRUCKER Peter F. Drucker with JOSEPH A.MACIARIELLO Harper Business　２００４年
THE WEALTH OF NATIONS Adam Smith Bantam Classic Edition　２００３年

『堀田力の「おごるな上司！」』堀田力　日本経済新聞社　１９９４年
『ドラッカー　教養としてのマネジメント』ジョゼフ・A・マチャレロ　カレン・E・リンクレター　阪井和男　高木直二　井坂康志訳　マグロウヒル・エデュケーション　２０１３年
『サミュエル・ジョンソン伝2』J・ボズウェル　中野好之訳　みすず書房　１９８２年
『金融資本論　下』ルドルフ・ヒルファディング　岡崎次郎訳　岩波文庫　１９５６年
『経済成長なき社会発展は可能か？――〈脱成長〉と〈ポスト開発〉の経済学』セルジュ・ラトゥーシュ　中野佳裕訳　作品社　２０１０年
『ドラッカー20世紀を生きて――私の履歴書』ピーター・ドラッカー　牧野洋訳　日本経済新聞社　２００５年
『イギリスの工場・日本の工場』ロナルド・ドーア　山之内靖　永易浩一訳　筑摩書房　１９８７年
『日本的経営の擁護』津田眞澂　東洋経済新報社　１９７６年
『私の松本清張論――タブーに挑んだ国民作家』辻井喬　新日本出版社　２０１０年
『マルクス主義とキリスト教』矢内原忠雄　角川文庫　１９６９年
『青淵百話』渋沢栄一　同文館　１９１３年
『都鄙問答』石田梅岩　加藤周一訳・解説　中央公論新社　２０２１年

ドラッカーに教わったことと教えたこと

2025年5月11日　初版第1刷発行

著　　者　庄司　進
発 行 者　中田典昭
発 行 所　東京図書出版
発行発売　株式会社 リフレ出版
〒112-0001　東京都文京区白山 5-4-1-2F
電話 (03)6772-7906　FAX 0120-41-8080
印　　刷　株式会社 ブレイン

ISBN978-4-86641-864-3 C0034
Printed in Japan 2025